이타주의자들의 심리적 특성

이타주의자들의 심리적 특성

이 지 연

한국학술정보[주]

서 문

우리가 살면서 겪게 되는 크고 작은 일 가령, 걱정스러운 가정 대소사, 직장과 학교 인간관계의 갈등들, 장애인의 삶과 복지에 관한 일들, 정치 사회적인 일들, 쓰나미나 대지진 같은 엄청난 재난, 전쟁 등은 때로 우리 의식의 전부를 지배하면서 우리에게 삶에 대한 절망감, 무기력 때로는 분노를 느끼게 한다. 이런 때에 우리 자신을 살펴보면 우리는 숨이 막힐 정도로 이런 문제에 대해 우리가 전적으로 책임이 있다거나, 우리 자신이 해결해야한다고 생각한다. 그러나 그 일들이 너무 압도적으로 힘든 일로 느껴져서 말할 수 없이 큰 걱정을 하거나, 절망하고, 우울하며 무기력해진다. 그리고 그런 일들을 경험하면서 사람에 대한 본성에 회의를 가지고 과연 누구를 믿어야하는가 하는 생각을 가진다. 세상의 일이란 본래 개인이 어떻게 처리하기가 불가능하거나 해내더라도 오랜 세월이 걸리는 일인데 개인자신을 책망하고 세상을 책망하기도 한다. 그리고 누가 뭐래도 좋은 업적과 지위와 명성, 돈을 획득하기 위해 타인을 돌보기보다 내가 먼저 살아야한다는 각박한 생각에 빠지기도 한다.

아주 많은 사람들이 "아낌없이 주는 나무"라는 글에 대해 익숙할 것이다. 나는 그 글을 고등학교 때 읽고 고개를 갸우뚱했다. 그렇게 하염없이 주면서 뭐가 행복했다는 건지... 그런데 어쩌면 이 책을 쓰면서 그 나무에게 많이 다가간 느낌이다.

아낌없이 주는 나무는 말 그대로 아무런 대가도 바라지 않고 사랑하는 이를 위해 자신이 소유하고 있는 것은 모두 다 내놓을 수 있는, 그래서 행복한 나무이다. 이 이야기는 비교적 짧다. 어느 한 소년과 나무가 친구가 된 후, 그 소년이 자라며 나무가 가지고 있는 모든 것을 가져가지만, 결국 그 나무는 행복해 한다는 이야기이다. 소년이 행복해 졌기 때문이다. 마지막에는 늙어버린 소년을 위해 자신의 마지막 남은 나무 밑 둥까지 의자로 내어 주게 된다. 책은 얇지만, 매순간마다 밀려오는 감동은 수백 배, 수천 배나 두껍게 느껴지는, 그런 책이다.

영화 말아톤의 흥행 뒤에 유명한 대사가 어머니의 존재에 대한 것이다. "어머니는 하나님이 어디에고 다 계시지 못해서 대신 내려 보낸 존재"라는 것이다. 우리는 살면서 그런 존재를 원한다. 어린 시절에 그치지 않고.

그러나 정작 우리가 서로에게 그런 존재가 되어주는 것은 인색하다.

지옥과 천당의 차이에 대한 오래된 이야기에 보면 똑같이 기다란 숟가락으로 밥을 먹는 장면이 나온다. 먼저 지옥의 모습을 보면 자기 키만한 숟가락으로 밥을 먹는데 자기 자신만 먹으려고 하니 당연히 옆사람이 걸려서 제대로 먹지 못하고 식사 시간이 끝나버리는 것이다.

그러나 천당은 똑같은 조건에서 식사를 하는데 앞사람을 먹여 주는 것이다.

프로이드의 제자이며 개인심리학의 창시자인 애들러는 사회적 관심이 중요한 인간의 건강한 특성 가운데 하나라고 역설한다. 사회적 관심은 우리가 자신에 매몰되지 않고 타인의 안녕을 돌보는 건강한 관심이다. 자기에 매몰되지 않고 타인에게 관심이 향해 타인을 위한 일을 하면서 더 큰 자기를 만날 수 있게 되고 성숙한다는 것이다. 이것이 나를 사회를 살찌운다. 이런 사람들이 이 책 속에 들어있는 사람들이다. 그런데 이 사람들만이 아니라 우리자신에게도 이런 건강한 속성이 있다. 나를 넘어서 타인을 돌볼 때 우리는 더 큰 자신과 만날 수 있다. 이것은 멀고 추상적인 이야기가 아니다. 사례 가운데 점심을 덜 먹고 그 점심값을 모아서 결식아동을 돕는 경우도 보는데 이처럼 생활에서 찾으면 얼마든지 할 수 있는 일이다. 그래서 작지만, 어떤 일이든 현재 할 수 있는 작디작은 일과 봉사를 충실히 하는 것이 가장 효과적으로 다가가는 길이라 하겠다. 저자도 부끄럽지만, 조금씩 기부금을 모아 내기 시작하고 있다. 내가 할 수 있는 아주 작은 일이지만, 이것이 함께 살아가는 사람으로서의 도리요 책임이라고 생각한다.

아무쪼록 보잘것없지만, 이 책이 인간의 이타성을 이해하는데 작은 보탬이 되길 바라며, 책으로 출간을 허락해준 (주)한국학술정보와 책으로 다듬는데 많은 시간과 노력을 아끼지 않은 강진이 선생에게도 고마운 마음을 전한다.

목 차

표 목 차

부록 목차

I. 서 론

Martin Seligman(1999)이 APA회장으로 취임하면서 지적한 바와 같이 지금까지 심리학계는 많은 부분을 인간의 병리에 대한 원인과 문제해결에 노력을 쏟아왔다. 뿐만 아니라 상담이나 교육도 문제해결을 위주로 실천되어 왔으며 그러는 동안 우리는 서로가 지닌 장점과 능력을 발견하고 개발하는 데는 소홀해왔다.

이런 맥락에서 인간이 가진 문제나 병리에 대한 이해만큼 우리 자신의 성장가능성, 장점 등 긍정적 측면을 이해하고 증진시키는 것에 대한 중요성을 새롭게 인식하게 된 계기가 된 것이 최근 미국 심리학계의 중진 학자들 Seligman과 Csikszentmihalyi(2000), Myers(2000)를 중심으로 일어난 '긍정적 심리학(Positive Psychology)' 운동이다. 이 긍정적 심리학의 주장은 오늘날까지 심리학의 일반적인 방향이 인간의 긍정적이고 적극적, 성장지향적 측면에 관심을 두기보다는 우울이나 불안 같은 병리와 인간의 부정적인 면에 지나치게 관심을 쏟았다는 것이다. 이런 설명은 다양한 상담영역에서 연구의 주제나 방향에 대한 새로운 자극이 되었다. 그 하나의 예가 청소년 상담영역인데, 청소년의 비행을 설명하는 데에도 관점의 전환을 가져왔다. Larson(2000)은 청소년들의 비행이 의학모델에서 설명하는 가족의 스트레스, 정서적 불안정, 부적응적 사고 등이 아니라 긍정적인 삶의 궤도에서 이탈한 것으로 설명하고 있다. 그는 긍정적 청소년발달을 통해 개인적 차원에서는 수월성, 창의성, 리더쉽과 같은 자질을 키우고 사회적 차원에서는 이타주의, 책임, 중용 등의 덕목을 키울 수 있다고 했다. 이는 그동안 심리학계를 지배해 왔던 의학적 모델에서 탈피하여 인간의 긍정적 측면을 최대화함으로써 자신과 사회의 건강한 발달을 이룰 수 있다는 견해이다. 그런데 그중 한 가지 핵심요소가 바로 이타주의이다.

이타주의는 자기 이익에 대한 의식적인 계산 없이 타인의 복지를 증진시키려는 행동으로 남을 돌보지 않고 자기 이익만 챙기는 이기주의의 반대 개념이다(Eisenberg, 1986). 일찍이 Frankl(1969)은 우리 밖에 있는 다른 대상에 몰입함으로써 자신을 잊게 될 때 자기침잠에서 벗어나 자기실현으로 나아갈 수 있다는 점에서 이타주의가 갖는 치료적 힘을 강조한다. 사회적 차원에서 이타주의라는 덕목을 키울 수 있다면 이는 우리사회의 병리현상을 예방할 수 있을 뿐 아니라 더 나아가 사회 병리에 대한 완충역할(bufffer)을 하는 데 기여할 수 있다. 이런 의미에서 이타주의함양은 우리사회의 이기적 심리현상에 대한 하나의 대안이 될 수 있으며 우리가 좀 더 관심을 기울이고 발달시켜야할 심리적 자원이라 할 수 있다.

이타주의에 대한 언급은 근대에 들어와서 Comte(1851)가 시작했다. 그 이전에는 이타주의라는 용어(개념)를 사용하지 않았으나 '인간의 본성'에 대한 질문으로 이미 고대 그리스시대의 종교와 철학 분야에서 논의해 온 오래된 연구주제이다. 인간본성과 관련된 철학적 입장은 크게 세 가지 입장으로 볼 수 있다. 첫 번째 입장은 그리스 소피스트철학자로부터 니콜

로 마키아벨리(Niccolo di Bernardo Machiavelli), 토마스 홉
스(Thomas Hobbes), 토마스 멜더스(Thomas R. Malthus)
등의 사상적 전통으로 인간의 본성이 문화에 의해 길들여
지지 않으며 근본적으로 이기적이며 개인주의적이라고 보
는 입장이다. 둘째, 플라톤(Plato), 장 자크 루소(Jean
Jacques Rousseu) 등은 인간은 원래 선하고 자비롭게 태어
났으며 단지 사회가 인간을 타락시켰다고 보는 입장이다.
마지막으로 인간의 본성이 기본적으로 중립적이어서 악하
지도 선하지도 않다는 것이다. 대표적으로 동양의 고자(告
子), 서양의 에피크루스, 플라톤, 로크, 막스, 행동주의심리
학의 창시자인 Watson과 Skinner 등이다.

  이런 철학적 논의에서 점차 진화심리학, 사회심리학,
발달심리학적 차원에서 학문적 접근이 뒷받침되어 다양
한 연구들이 활발해졌다. 그러나 1920년대 정신분석학에
기반을 둔 동기이론이 제시되면서 인간의 모든 행동을
이기적인 동기로 설명하는 체제가 확립되었고 그 결과
이타주의는 학자들의 관심에서 멀어지게 되었다(박성희,
1994). Batson(1990)이 지적한바와 같이 사회심리학자들
은 겉으로는 인간본성에 대한 문제를 완곡하게 피해가면
서 은연중에 인간의 이기성에 잠정적으로 동의하고 있었
다. 심지어 1975년 APA의 회장연설에서 Campbell(1975)
은 "심리학과 심리치료는 인간을 이기적인 동기를 가진
존재로 그리고 있을 뿐만 아니라 그런 존재가 되어야한
다고 은연중에, 혹은 공공연히 가르치고 있다"고까지 지
적했다.

  최근에 들어서면서 이타행동에 관한 논의는 새로운 차

원에서 전개되기 시작했다. 특히 Batson(1991)을 중심으로 이타주의의 존재에 대한 의문은 새롭게 제기되었으며 이타주의가 존재한다는 증거가 여러 방면에서 수집되었다. 이타주의에 대한 문헌을 고찰해보면 1982년에 이르러 1,000여 개가 넘는 연구가 발표되었으며 1980년대에는 사회심리교과서의 한 장으로 나타나게 되어 그 관심을 입증하였다(Batson, 1998). 우리나라의 경우는 주로 친사회행동과 이타주의 등에 대한 연구들이 80년대부터 시작해서 2002년 현재 약 50여 개의 연구들(예, 이혜주, 1996; 정영숙, 2000; 채현탁, 1999)이 보고 되고 있다.

이타주의는 친사회행동(prosocial behavior)과 도덕적 행동(moral behavior) 등과 혼용되어 쓰이고 있다(Bar-Tal, Raviv & Leiser, 1980). 엄밀하게 따지면 친사회적 행동은 자신이나 타인의 이득을 위한 모든 도움행동으로 도와주기(helping), 협동(cooperation), 교환(exchange) 등의 광범위한 행동을 의미하며, 이타행동은 도움행동 가운데 자신의 이익에 해당하는 부분은 배제하고 순전히 타인만을 돕기 위한 행동을 의미한다(Eisenberg, 1986). 도덕적 행동은 도덕적 추론의 딜레마에서 법, 규칙, 권위 등의 금지지향적 요소가 판단을 지배하여 추론될 때를 말하고 친사회적 행동의 경우는 타인의 욕구나 필요중심적 · 감정이입적 추론에 의해 지배된다는 점에서 구분하기도 한다(Eisenberg, 1986).

또 Bierhoff(2001)는 가장 광범위한 의미의 일반적인 도움행위를 칭할 때 도움행동(helping behavior)이라고 하고, 그보다 좁은 의미로 도움을 받는 사람의 상황을 개선시키려는 의도의 행동을 친사회적 행동(prosocial behavior)으로 구분했다. 여기에 덧붙여 이타주의(altruism)는 한 가지 조건을 더 만족시켜야하는데 조망수용과 공감에 의해 동기 형성이 되는 경우이다(Bierhoff, 2001).

1920년대부터 행해진 이타행동의 결정 및 영향 요인에 관한 연구들을 살펴보면, 연구의 방향이 (ㄱ) 개인의 성격 내지 특성 → (ㄴ) 상황변인 → (ㄷ) 친사회적 감정과 인지 순으로 변화되었고 각 주제에 따라 다양한 연구들이 실시되었다(채현탁, 1999). 안신호(1986), Krebs와 Miller(1985) 등의 이타주의연구에 대한 논의에서도 역시 이타행동이 다양한 요인에 의해 결정된다는 것을 지지한다. 그러나 그 동안의 연구들은 개인적 특성, 상황적 요인들에 대한 개별적 설명에 치중해왔다.

또한 그동안 진행된 우리나라의 연구들을 보면 대체로 직업, 전공과 관련된 가치교육이나 자원봉사행동과 관련한 연구(김혜령, 1994), 종교변인과의 관계(김연진, 1993), 아동발달에서 친사회적 가치나 이타주의관련 변인(정영숙, 2000), 친사회적, 이타주의행동증진 프로그램개발(이혜주, 1996; 채현탁, 1999)을 다루는 것으로 단편적인 연구들이 주되게 이뤄졌다. 그런 연구들 대부분은 주로 특정 상황적, 개별 인지, 정서적 접근으로 이루어져 와서 어떻게 한 개인이 이타적 특성을 획득하고 유지해 나가는지에 대한 기술적, 통합적 연구는 없었다. 또한 대부분이 실험실 장면(laboratory setting)에서 이뤄진 연구들로 실제 생활에서 이뤄지는 이타주의에 대한 이해가 제한적이었다는 비판이 있다(Krebs & Hesteren, 1992). 이런 점에서 개별적 사례를 통해 이런 요인들이 개인의 삶을 통해 어떻게 형성되고 유지되는지에 대한 전체적인 조망을 해 볼 필요가 있다. 이를 위해 전형적인 이타주의를 보이는 대표적 사례들을 살펴볼 수 있을 것이다.

이타주의의 전형성을 보이는 사람들에 대한 사례연구들은 Blake(1978), Fellner와 Marshall(1970), London(1970), Rosenhan(1970), Oliner와 Oliner(1988) 등에 의해 이뤄졌다. 그러나 이런 연구에서의 제한점은 대상의 이타적 행동 양태가 지극히 제한적이라는 것(예, 나찌하의 유태인 구출하기, 신장기증), 40년 전의 사실을 인터뷰하고 기타 심리검사에서는 연구를 진행하는 시점을 반영하는 검사자료를 쓴다는 것(Krebs & Hestern, 1992), 동기에 있어서 이타적이라고 하기 어려운 경우가 있고, 분석에 있어서 지나치게 성격적 특성에 초점을 맞추었다는 점 등이다. 이런 점에서 본 연구는 이타적 행동에 있어서 특정한 분야에 국한하지 않고 사회에서 인정한 이타적 업적을 보이고, 그 이타적 행동이 지금도 진행 중인 사람들을 대상으로 성격적 차원만이 아니라 심리적 특성, 유지요인, 관계특성요인 등을 확인해보고자 했다.

본 연구에서는 이처럼 남을 위해 살다시피 하여, 만천하의 귀감이 되는 대표적 이타주의자들(Exemplary altruists)의 성격, 심리적 특성과 유지요인, 관계측면을 알아보기 위해 이들을 인터뷰하고 그 내용을 분석했다. 이타주의와 같이 복잡한 인간특성을 좀 더 잘 이해하기 위해 제안된 방법(Jennings & Skovholt, 1999)으로 질문지나 관찰이 아닌 인터뷰를 통해 자료를 모으고 내용을 분석했다. 이를 통해 이타주의에 대한 보다 깊은 이해를 돕고 또 나아가 이타주의발달에 영향을 미치는 요소와 이타주의 증진에 필요한 요소를 밝혀 이타성을 키울 수 있는 교육내용에 기초자료로 활용할 수 있다는 점에서 의미가 있다. 대표적 이타주의자들을 통한 이타주의의 심층적 이해는 인간의 긍정적 특성에 대한 심도 있는 조망을 하게끔 하고 나아가 부모교육, 학교 교육에서의 함의를 발견하는 데도 도움이 된다.

이에 본 연구의 문제를 제시하면 다음과 같다.

　ㄱ. 대표적 이타주의자들(Exemplary altruists)의 성격 특성은 어떠한가?

　ㄴ. 대표적 이타주의자들의 심리적 특성은 어떠한가?

　ㄷ. 대표적 이타주의자들의 이타적 행동과 동기를 유지하는 요인은 어떤 것인가?

　ㄹ. 대표적 이타주의자들의 인간관계의 특성은 어떠한가?

II. 이론적 배경

A. 인간본성과 이타주의 개념

인간은 천성적으로 이기적인가 아니면 이타적인가라는 질문은 고대 그리스시대의 종교와 철학 분야에서부터 근대 사회학에 걸쳐 오랜 시간 동안 논의되어 온 쟁점이었다. 그러나 심리학분야에서 이타주의나 친사회행동에 대한 연구는 극히 최근에 와서야 이뤄지기 시작했고, 1960-70년대에 들어와서 비로소 눈에 띄게 많은 연구가 이뤄져왔다(Rushton & Sorrentino, 1981).

이타주의에 대한 관심과 연구는 유명한 'Kitty Genovese' 사건을 필두로 이루어졌다. 그때 당시 정치적 회오리를 불러 일으켰던 이 사건은 뉴욕 시내 한복판에서 주위 사람들이 39명이나 있었음에도 불구하고 Genovese라는 젊은 여성이 길거리에서 강간당하고 살해된 것이다. 이 사건을 당시 미국언론이 베트남 전쟁의 충격과 같은 혼란을 준 사건으로 기록하기도 했다. 이것은 여러 연구를 자극시켰으며 심리학분야의 연구를 촉발시켰다(Batson, 1998).

그러나 사실 이타주의에 대한 관심은 인간사의 한 부분이기 때문에 '이타주의'라는 말이 생성된 것은 비교적 최근의 일이지만, 이타주의에 대한 관심은 이미 오래 전부터 시작되었다(안신호, 1986). 즉 "과연 인간의 본성은 무엇인가?", "인간은 어떻게 살아야하는가?" 하는 질문으로 제기된 질문이기도 했다.

인간본성에 대한 견해는 크게 3가지 흐름으로 나뉘어진다. 그 첫째가 인간은 근본적으로 악한 존재이며, 사회화과정을 통해 인간다워진다는 것이다. 둘째는 인간은 근본적으로 선한 존재이며 악은 불가피하고 고약한 사회적 상황에서 기인하는 것이라는 주장이다. 마지막으로 인간의 본성은 기본적으로 '중립적'인 것으로 악하지도 선하지도 않다는 것이다. 이런 세 가지 흐름은 멀리는 고대 그리스부터 시작해서 최근의 행동주의자들까지 그 유래를 살펴볼 수 있다.

인간이 근본적으로 '악한(비사회적, 개인주의적, 이기적, 공격적) 존재'라는 주장을 한 사람은 동양의 순자(荀子), 소피스트학파들, 마키아벨리, 홉스, 프로이드 등이다.

인간이 근본적으로 '선한(사회적, 협동적, 관대한, 도덕적, 이타적) 존재'라는 주장을 한 사람은 동양의 맹자(孟子), 소크라테스, 아리스토텔레스, 루소, 머슬로, 로저스 등이다. 이 가운데 본성에 대한 가장 긍정적인 입장은 Rogers(1957)이다.

나의 경험으로는 인간이 긍정적이고 진취적이며 현실적이고 신뢰로운 존재라는 것이다. 그리고 발달, 분화, 협동적 관계를 지향하는 깊이 있는 특성을 가지고 있다는 것이다. 인간의 삶은 근본적으로 의존에서 독립으로 나아가고, 충동이 자연스럽게 자기-조절로 나아가는 것이다. 이런 전체적인 특성은 지속적으로 유지되고 자신과 자기의 종족을 확대 발전시키며 더 높은 진화로 나아간다[pp.200-202].

한편 인간을 기본적으로 '중립적'인 존재로 분류한 사람은 동양의 고자(告子), 서양의 에피크루스, 플라톤, 로크, 막스, 행동주의심리학의 창시자인 Watson과 Skinner 이다. Watson(1924)이 이야기한 유명한 문구는 이를 잘 뒷받침한다.

건강한 유아들 12명을 나에게 데려다 주고 그중 무작위로 골라서 의사, 변호사, 예술가, 장사치, 거지, 도둑 중 하나를 만들라고 한다면 내가 그의 재능, 특성, 능력이 어떻든 간에 훈련시킬 자신이 있다[pp.104].

인간이 어떠한 존재인가에 대해 이렇듯 다양하게 견해가 나뉘어진다하더라도 우리가 마땅히 어떻게 살아야하는가에 대해서는 이견이 별로 없다. 성경에서도 "대접받고자하는 대로 행하라.", "친구를 위하여 목숨을 버리는 것보다 더 큰 사랑은 없나니."와 같은 금언이 있듯이 '타인에 대한 관심'은 모든 인간사회와 종교에 있어서 근본적이고 보편적인 가치이며 진리였다(Bronfenbrenner, 1970; Whiting & Whiting, 1975).

물론 예외가 없는 것은 아니다. 마키아벨리의 군주론에서나 Rand(1964)의 경우는 이타주의가 사람을 의존적이고 비창조적이고 감상주의에 젖게 만들어서 진보를 막고 정치적 자유를 저해한다고 주장하면서 오히려 이기주의의 미덕에 대해 강조한다. 그러나 분명 이타주의는 세대를 걸쳐 가치롭고 인간 존재와 사회의 기능에 있어서 없어서는 안 될 필수불가결한 미덕으로서 여겨져 왔다(Rushton & Sorrentino, 1981).

우리나라 건국이념이자 교육이념인 홍익인간(弘益人間)은 널리 인간세계를 이롭게 한다는 뜻으로, 인간 존중과 이타주의(利他主義), 만민 평등사상, 천지조화라는 묘합(妙合)의 원리가 담겨있다(신성우, 1996). 이는 다시 두레, 품앗이, 계 등 어려울 때 서로 돕는 우리 민족의 한 전통으로 이어져 내려온다.

라틴어로 '타인(other)'을 의미하는 'alter'의 어원을 가진 '이타주의(altruism)'라는 용어를 최초로 사용한 이는 근대 사회학의 창시자인 Comte(1851)이다. 그는 인간이 남을 돕는 행동 중에 자기 보존동기가 내재한다고 보고 이를 자기이익과 자기만족 이기주의(self-benefit and self-gratification)라고 명명하였다. 동시에 그는 "남을 위해 살려는(live for others) 비(非)이기적인 욕구가 남을 돕는 행동으로 표현되기도 한다"고 보고 이를 이타주의(altruism)라고 정의했다. 그 이후에 이타주의에 대한 연구는 사회학, 인류학, 발달, 성격, 사회심리학과 생리학분야, 심지어 정치학, 경제학에 있어서도 행해져왔다(Batson, 1998).

철학자 Blum(1980)은 이타주의를 "자신을 희생하고 타인의 행복에 관심을 갖는 것, 혹은 그런 관심에 따라 동기화 된 행동"으로 정의했다. 또 깊은 동정과 공감, 관심이 이를 촉발시킨다고 했는데 이는 많은 심리학자들이 동의하는 바이다(Eisenberg, 1986). Berkowitz(1972)는 이타주의를 "외적인 보상을 기대하지 않고 타인을 이롭게 하기 위하여 행해진 행동"으로 정의하였고 Bar-Tal(1982)은 어떤 사람을 이롭게 하려는 그 자체의 목적을 위해 수행된 자발적이고 의도적인 행동으로 규정했다. Staub(1978)는

이타주의를 "타인에게 유익함을 주는 행위로서 행위자 자
신의 이익이나 사회적 보상을 얻기보다 오히려 다른 사람
에게 유익함을 주려는 것"으로 정의한다. Krebs(1970)는
이타주의를 "타인을 위해 자신의 복지를 희생하려는 의
지"로 규정한다. 또 Batson(1991)은 "보상획득이나 처벌
회피 등의 이기적인 목적을 두고 동기화 되는 것이 아니
라 순수하게 타인의 이익을 위하여 도움을 주려는 것"으
로 이타주의를 정의하고 있다.

　이타주의 개념과 함께 자주 등장하는 용어가 친사회적
행동(prosocial behavior)인데 두 개념을 연구자마다 서로
다르게 설명하고 있다. '친사회적(prosocial)'이라는 말은
본래 사전에 나오지 않는 말이며 반사회적(antisocial)의
반대말로 사회학자들에 의해 생성된 단어이다(Batson,
1998). 엄밀하게 따지면 친사회적 행동은 자신이나 타인
의 이득을 위한 모든 도움행동으로 도와주기(helping),
협동(cooperation), 교환(exchange) 등의 광범위한 행동
을 의미하며, 이타행동은 도움행동에서 자신의 이익에 해
당하는 부분은 배제하고 순전히 타인만을 돕기 위한 행
동을 의미한다(Eisenberg, 1986).

　Bierhoff(2001)는 도움행동(helping behavior), 친사회
적 행동(prosocial behavior), 이타주의(altruism)를 도움
을 주는 사람과 받는 사람과의 상호작용이라는 관점에서
구분하고 있다. 즉 도움행동(helping behavior)은 가장 광
범위한 의미의 일반적인 도움행위를 말하고, 친사회적 행
동은 그보다 좁은 의미로 도움을 받는 사람의 상황을 개
선시키려는 의도가 포함된다. 그러나 그 행위는 직업적

의무감에 의한 것이 아니고 수혜자는 기관이 아닌 사람이어야 한다. 이타주의는 여기에 덧붙여 한 가지 조건을 더 만족시켜야하는데 조망수용과 공감에 의해 동기가 형성되는 경우이다. 예를 들어, 스튜어디스가 승객의 짐을 같이 운반해주는 것은 도움행동이고, 이웃을 도울 때 자신이 나중에 받을 도움을 기대하며 돕는 경우는 친사회적 행동에 속한다하겠다. 그리고 '좋은 사마리아인'의 예는 바로 이타주의의 전형적인 예라하겠다.

Bar-Tal(1982)은 도움행동을 그 동기와 관련하여 여섯 수준으로 구분하였는데, 그중 가장 높은 수준을 차지하고 있는 것이 바로 이타주의이다. 그리고 덧붙여 친사회적 행동이 이타적이라고 불려지기 위해서는 몇 가지 조건을 충족시켜야한다고 했다. 그것은 첫째, 타인에게 이득을 주어야 한다. 둘째, 자발적으로 행해져야 한다. 셋째, 그것 자체가 목적이어야 한다. 넷째, 개인적 이득을 기대하지 말아야 한다. 다섯째, 어느 정도 자기희생이 있어야한다. 따라서 이타적 행동은 필연적으로 친사회적이겠지만, 모든 친사회적 행동이 반드시 이타적인 것은 아니다. 다른 사람에게 이익을 주는 것이 이기적인 이유 때문일 수 있기 때문이다. 결국 위의 정의들을 종합하여 볼 때, 이타주의란 외적 보상에 대한 기대 없이 다른 사람을 이롭게 하려는 그 자체의 목적으로 수행된 자발적이고 의도적인 행동을 의미하는 것으로 볼 수 있다.

B. 이론적 접근별 이타주의 이해

1. 학습, 인지이론 및 전통적 정신분석입장과 대상관계접근

이타주의에 대한 이론들은 '자기 이익(self-gain)'대 '타인에 대한 관심'을 강조하는 정도에 따라서 매우 다르다. 기존 학습이론에서는 이타주의 획득 기제에 대해 행동 후 강화와 모델링의 역할을 강조했다(Bar-Tal, 1976; Staub, 1978). 이러한 기제들의 공통된 특징은 직접적 혹은 대리적 강화, 내적 혹은 외적 강화를 통해 이루어진다는 것이다. 그런데 이런 기제의 설명은 정의상 이타주의가 오직 다른 사람에게 이익을 주는 행동이라는 점에서 하나의 역설로 비춰진다(Rushton, 1980). 학습이론에 비추어 볼 때 이타적 행동을 하는 사람에게 적어도 다양한 수준의 정서적 혹은 대리적 보상이 주어진다는 것이다. 이러한 학습이론들은 "이타주의는 근본적으로 자기이익 혹은 불편함의 감소와 같은 요인에 의해 동기화된 행동"이라는 가정 위에 세워져 있기 때문에 진정한 의미의 이타주의 정의와는 거리가 있다(Rushton & Sorrentino, 1981).

인지발달 이론들은 타인을 이해하는 것과 관련된 세련된 인지 능력의 발달에 따라 이타주의 잠재력이 증가한다는 것을 강조함으로써 이런 역설을 피하고 있다(Eisenberg, 1986). 이런 학습, 인지이론적 흐름에 대한 예외가 Hoffman(1975)으로 타인에 대한 개념의 발달과 근본적인 이타주의적 동기를 통합시키려는 시도를 했다. 그는 우리에게 이기적 동기와는 독립적인 이타주의적 동기가 존재한다는 가정에 근거한 모델을 제안했다. 즉 이타적 동기는 근본적으로 다른 대상에 대한 관심으로 시작되며 초기의 정신적 구조에 의해 영향을 받고, 일생을 통하여 계속해서 발달하고 변화한다고 주장한다.

전통적인 정신분석적 접근은 대부분의 전통적 학습이론처럼 모든 인간의 동기를 자기 추구(self-seeking), 쾌락추구(pleasure-seeking)로 보았다. 이 입장에서는 이타주의를 기껏해야 근본적인 이기적인 동기를 변형시키는 사회화 과정의 결과로 간주한다. 이에 대해 정신분석의 새로운 경향인 대상관계 접근에서는 프로이드의 이원론적 본능이론을 배척한다. 즉, 대상관계 접근에 의하면 인간의 성격발달의 주요 목적은 타인과의 관계를 정립하는 것이다(Kernberg, 1979). 즉 타인에 대한 관심은 자기-관심(self-interest)처럼 원초적이라는 입장이다.

또한 Kernberg(1979)는 이타적 가능성(잠재력)에 대하여 지속적인 영향을 주는 요소로 부모와의 내면화된 관계뿐 아니라 유의미한 대상과의 관계를 강조하였다. 즉, 발달과정에서 의미 있는 타인과의 관계의 질은 잠재적 이타주의의 기초가 된다. 그리고 부모, 특히 양육자와의 관계는 이타적 행동의 중요한 전제(antecedent)로 간주된다. "착한 일을 하려는" 욕구는 사회적 압력 이전에 나타나며, 초기유아기에 발달한다(Klein & Riviere, 1967). Klein(1970)은 유아의 심리내적(intrapsychic) 역동에 대하여 묘사하였다. 그녀의 이론에 따르면 유아는 두 가지 본능에서 도출된 이미지인 환상(fantasy)을 가지고 있다. 이러한 환상은 구체적인 실제경험과 혼합된다. 유아는 유쾌한 상상속에서 좋은 대상(good object)을 유지하고 나쁜 일을 하지 않음으로써 불안을 감소시키고자 한다. 유아는 긍정적인 경험과 부정적인 경험 둘 다를 자기자신이 한 일 때문이라고 생각한다. 이것은 타인에 대한 관심(concern)뿐만 아니라 죄의식의 시작이다. Winnicott(1974)는 Klein에게 기본적으로 동의하면서, 불안과 공격성에서부터 죄의식과 관심(concern)까지 유아의 감정이 변하는 것을 설명했다. 그는 비록 불안과 공격의 기원은 어머니 – 유아 관계에서 물려받는 타고난 것이지만, 그것의 발달은 긍정적인 경험들이 제공되는 "good-enough-mothering"을 제공하는 환경 – 어머니(environment-mother)에 달려 있다고 덧붙였다. 전통적인 정신분석은 초기 유아기에서 이타주의의 뿌리를 보지 못했고, 또 이타주의의 타고난 경향성을 깨닫지도 못했다(Sharabany, 1984). Sharabany(1984)는 전통적 정신분석과 대상관계 입장을 비교하면서 몇 가지 가설들을 제시하였다. 그 내용은 다음과 같다. (ㄱ) 양육자로부터 돌봄을 잘 받은 경우가 더 이타적인 행동을 보일 것이다. (ㄴ) 강한 애착 구조에서 성장한 아동이 더 이타적 행동을 보일 것이다. (ㄷ) 유아기 동안의 견디기 힘든 정도의 좌절은 이타주의의 가능성(잠재력)을 감소시킬 것이다. (ㄹ) 좌절을 경험하더라도 양육자와의 유대나 긍정적 정서관계가 유지될수록 이타성 경향은 높아진다.

　이타주의에 대한 "양육자(caregiver) – 유아" 관계의 경험을 나타내는 구체적 증거는 없지만, 부모 – 아동 관계에 근거한 증거는 있다. 예를 들어, Rutherford와 Mussen

(1968)은 4살 소년들의 관대성(generosity)이 그들의 아버지를 따뜻하고, 양육적이고, 애정이 깊은 것으로 지각하는 것과 관련이 있다는 것이다. 아버지는 친절한 행동의 모델이 되고, 아동은 중요한 타인을 긍정적이고 욕구를 만족시켜 주는 사람으로 경험한다. Rushton(1980), Staub(1978)은 인생의 좌절을 견딜 수 있는 부모와의 충분한 긍정적 경험이 함께 있을 때 이타주의가 증가한다는 대상관계 이론을 지지한다.

Rosenhan(1970)은 이타적 사회 참여를 보이는 시민운동가들은 강한 긍정적 정서경험을 가지고 그들의 부모와 관계를 유지했다고 보고한다. Cohen(1978)에 따르면 장기간 지속적이면서 거부적이지 않은 안정된 관계(long-term nonrejecting stable relationship)하에서 이타주의의 기본 요소인 동정, 공감 등이 발달된다는 것이다. 이런 결과들은 이타주의를 결정하는 요인으로 부모와의 긍정적인 경험측면과 관계의 지속성 측면 둘 다를 지지한다.

또한 물질적 박탈 즉, 경제적으로 빈곤하지만 양육자의 긍정적 관심(존중)이 결합되어 있을 때는 이와 반대인 경우보다 더 높은 수준의 이타성으로 이끄는 것으로 나타났다(Yinon, 1979).

의미 있는 대인관계 경험은 유아기뿐 아니라 아동기로 넘어가도 여전히 중요한 이타주의의 결정요소가 된다. 아동기에 아이는 사회적 관계를 확장한다. 이제는 부모와 더불어 또래들이 중요한(의미 있는) 타인이 된다. 동료들과의 긍정적인 경험은 부모와의 긍정적인 경험으로부터 확대되고 통합된다. 또래와의 긍정적 경험은 아동기의 이타주의에도 중요한 영향을 준다는 가정은 아동의 사회적 기술과 정서적 안정이 이타주의와 관계가 있다는 것을 보여주는 Turner(1948)의 연구에 의해 지지된다. 또한 Krebs(1970)는 이타적인 아동들은 다른 아이들보다 사회적으로 더 잘 적응하고 정서적으로 더 안정적이라고 한다. Kohlberg(1964)는 친구 간의 매력도, 사교성은 도덕적 판단의 수준과 정적 상관관계가 있다고 한다.

유년시절에는 우정의 대상이 거의 동성친구에 국한되지만 청소년기에는 자기와 대상의 차원 모두에서 특징적인 변화가 나타난다. 청소년기는 동성에서 이성으로 외적인(external) 대상을 선택하는 전환기이다. 다른 사람을 탐색하고 자신을 개방하려는 욕구는 친밀한 우정관계 차원에서 보여지는 것으로 청소년기에 증가한다. 특히, 상호 개방성과 자발적 개방, 민감성과 자각이 그렇다. 초기 청소년기는 '자아 중심성'으로 특징 지워진다. 청소년기에는 자신이 다른 사람의 관찰의 중심에 있다고 극단적인 가정을 하고, 자신의 경험이 유일하다고 가정한다. 이러한 두 가지 극단적인 가정이 현실에서 점차적으로 검증된다. 청소년에게 이러한 극단적인 가정을 검증하게 하는 방법은 상호 개방과 친밀한 친구로부터의 반응을 통해서이다. 결국, 청소년 자신에 대한 관점이 현실적일수록 자아중심적인 경향이 약화된다. 이러한 자신과 타인에 대한 관점변화가 여러 방식에서 개인의 이타성의 잠재력에 영향을 미친다. 친밀한 청소년의 친구관계를 조절하는 피드백 과정은 다른 사람의 필요를 보다 정확히 평가하게 한다. 이성 친구에 대한 관심은 자신과 욕구가 다른 사람에 대한 공감 차원을 넓혀준다(Rushton, 1980).

이런 의미에서 Sharabany(1984)는 이성 친구와 관계를 맺을 수 있는 청소년들은 자신과 이질적인 사람들에게도 이타적일 가능성이 크고 자신과 다른 욕구를 가진 사람들의 필요나 욕구에 반응할 능력이 있다고 주장했다. 또한 청소년기에 분명히 확립된 자아정체성(통합된 자기 개념)이 이타주의 잠재성에 기여할 수 있다고 한다. 덧붙여 똑같이 관찰된 이타적 행동이라 하더라도 다양한 동기에서 기인할 수 있다고 했다. 반동형성 같은 정신적 방어기제의 결과이거나 미성숙한 성격의 유아적 욕구에서 기인하는 것일 수도 있고 성숙한 대상관계에서 성숙한 성격의 표시일 수도 있다는 것이다.

요약해 보면 의미 있는 관계경험이 보다 높은 수준의 이타주의 발달의 기초를 제공한다. 이 입장에 따르면 정상적인 상호 관계와 대상관계를 유지하는 보통 사람들 모두 이타성을 획득할 능력이 있는데 특히 따뜻하고 애정이 있는 관계를 가지면서 어려움을 경험한 적이 있는 성인들이 가장 이타주의적 잠재성을 가질 가능성이 있다. 반대로, 회복하기 어려운 부정적 체험을 경험하거나, 혹은 별다른 어려움 없이 성장한 성인들은 이타성이 상대적으로 떨어진다.

2. 기타 접근

많은 정신분석학자들은 이타주의를 병리적 측면으로 보고 신경증적 과정의 일부로 간주한다(Batson, 1998). 예를 들어 남에게 계속 선물을 보냄으로써 초기 박탈감을 보상하거나, 자선의 형태로 자신의 지속적인 무력감과 박탈감을 부정한다는 것이다. 또 이기적인 사람이 반동형성으로 자신의 본래 소망을 숨기려고 이타적 행동을 보일 수 있다는 것이다.

그러나 이타주의가 가지고 있는 긍정적 측면을 강조한 접근도 있다(Adler, 1963; Maslow, 1962). 대표적인 사람이 바로 Adler(1963)이다. 그는 많은 상담이론이 개인의 내적 심리역동에 초점을 두고 있는 반면, '사회적 관심(social interest)'을 중요한 개념으로 부각하면서 개인의 더 큰 전체, 즉 가족, 종족, 공동체에 대한 관심을 중요한 개념으로 내세웠다. 즉 정신적으로 건강하고 성숙한 사람들은 사회적 관심이 충분히 발달하여 개인적인 삶을 사회적 또는 공동체적 삶으로 확장한다는 것이다. 사회적 관심은 긍정적 사회적 적응의 주요한 준거이며, 정상성을 확인하는 척도이다. Adler에 따르면 우리의 인간성의 한 측면은 선천적으로 '타인지향적'이라는 것이다. 이는 타인에 대한 관심과 배려를 의미한다. 공동체를 위하고 사회적 삶을 지향한다. 모든 인류에 대한 진정한 관심, 즉 사회적으로 유용한 사람이 되고자 하는 바람을 포함한다. 그는 '사회적 관심'을 강조함으로써 우리 삶이 지향해야 하는 방향을 선명하게 제시한다. 그리고 그의 상담 목표

또한, 한 개인의 문제를 사회적 맥락에서 이해하고 개인
적 자아를 사회적 자아로 확장함으로써 한 개인이 삶의
무대인 사회적 맥락에 기꺼이 동참하고 기여하도록 자신
을 추스르고 변화함으로써 개인적 존재를 확장하도록 하
는 데 관심을 둔다.

C. 이타주의 연구고찰

Genovese사건을 필두로 1960년대 이타주의에 대한 심
리학적 연구가 본격적으로 진행되었지만, 인간본성과 이
타주의에 대한 관심은 이미 그 이전에 여러 분야에서 나
타났다. 본 절에서는 발달심리학, 사회심리학적 입장에서
진행된 연구들을 고찰해보고 최근 인간이해를 위한 새로
운 접근인 진화심리학적 입장(Batson, 1990)을 살펴보고
자 한다.

1. 발달심리학적 입장

스위스 심리학자 Piaget는 1932년에 그의 저서 「아동기 도
덕적 판단발달」에서 아동의 도덕적 딜레마 상황에서 추론발
달능력을 발표했다. 이 책에서 피아제는 7세에 "진정한" 협
동행동이 출현하는 것으로 보고하고 이것이 다른 사람의 관
점에서 세상을 볼 수 있기 때문에 일어날 수 있다고 제안했

다. 이러한 역할연습능력(role-playing capacity)이 공감적 이타주의의 근간을 이루는 것이라고 오랫동안 여겨져 왔다. 또한 Piaget(1932)는 아동들에게 관대성(generosity)과 관련된 여러 이야기를 주고 그 이야기에 대한 반응을 기준으로 나누기(sharing)에 대한 세 가지 발달 단계를 서술했다. 그 단계는 권위(authority), 균등(equility), 공평(equity)의 3단계이다. 예를 들면 권위(authority)단계에서는 나이 많은 형이 더 많이 가져야한다고 이야기하는데 '그가 제일 크니까'라고 설명한다. 다음 균등(equility)단계는 '두 사람이 똑같이 가져야하니까 '라고 설명한다. 마지막으로 공평(equity)단계에는 엄격한 균등에서 상대적인 관계나 상황을 고려하는 방향으로 공평하게 판단하는데 '그가 더 식욕이 왕성하니까'라거나 '다른 사람만큼 먹지 못하니까'라는 식으로 표현한다.

이런 Piaget의 연구에 자극을 받아 실제 이타주의발달에 대한 연구를 시작한 사람은 Wright(1942)로서 그녀는 8세 아동이 자신이 가지고 싶은 장난감을 다른 친구가 가지고 놀 수 있도록 관대하게 행동한다는 것을 보여주었다. 1930년대부터 50년대에 나누는 과정에서 연령이 증가할수록 어떤 양상을 보이는가에 대한 주제들로 많은 연구가 이뤄졌다. 이후 Murphy 등은 자연적 상황에서의 600시간 관찰연구를 통해 심지어 16개월이 된 유아도 이런 행동을 한다고 보고했다(Murphy, Murphy, & Newcomb, 1937). 그 후 이런 연구들은 점차 이타주의의 사회화 과정에 대한 연구들로 그 초점이 넘어갔다.

2. 사회심리학적 입장

이타주의라는 용어를 처음 쓴 Comte는 이타주의와 '동
정적 본능'에 대한 많은 저술을 했다. 또한 그는 진보적 사
회의 목표가 사랑과 인간존중을 증대시키고 새로운 가치체
계를 수립해 나가는 것으로 보았다(Eisenberg, 1986). 이타주
의와 사회심리학에 대한 이러한 Comte의 공헌을 높이 사서
Allport(1954)는 사회학과 이타주의의 창시자뿐 아니라 사회
심리학의 창시자로 칭하기도 했다. 이후에 McDougall(1908)
은 사회심리학에 대한 책을 편찬하면서 인간의 사회행동에
있어서 본능에 대한 개념을 소개했는데 여기서도 동정적 본
능의 역할을 강조하였다. 그는 이를 이타행동의 뿌리라고 보
았다. 앞서 Murphy 등의 연구에서도 동정이 사회적 환경이
나 조건에 어떤 영향을 받아서 일어나는가에 대해 언급하고
있다(Murphy, Murphy, & Newcomb, 1937).

한편 인류학자 Margaret Mead(1950)는 사회적 행동에
대한 본능적 설명에 대한 입장을 반대하면서 뉴기니아에
세 종족이 보여주는 이타주의를 보고했다. 그는 이 결과
를 가지고 인간행동이 가지는 순응성(malleability)을 보
여주고 장소에 따라 적절한 행동에 대한 규준이 달라지
는 것을 보여주었다. 이러한 연구들로 인하여 사회심리학
자들은 점차 사회적 규범이 어떻게 전수되며 이타적 행
동에 어떤 영향을 주는가에 관심을 가지게 되었다(예,
Berkowitz & Daniels, 1963). 그리고 이타적 행동이 다른
사람에게 어떤 식으로 "모델링"이 되어 가는가에 대한
연구가 진행되었다(Krebs, 1970).

3. 진화심리학적 입장

인간의 행동을 이해하는 주된 전략 중 하나로 하등동물의 행동을 살펴봄으로써 인간행동을 이해해보고자 하는 진화론적 관점이 있다(Batson, 1990). 이는 인간과 동물이 진화론적 유산을 공유할 뿐 아니라 추동이나 학습양식 또한 같이한다는 전제에서 진행된다. 이타주의를 설명하는 진화심리학적 입장에는 친족보호설, 상호 호혜성, 집단 내 협조 등이 있다.

가. 친족 보호(Kin protection)

진화론적 입장에서는 적자인 본인 한 사람의 생존보다는 자기 유전자 계승 내지 보존을 강조한다. 그러므로 인간의 사회적 행동은 개체 재생산에 기여하는가 아닌가의 측면에서 분석되어야 하는데, 자기 자신이 남에게 도움을 받는 것은 궁극적으로 생존기회를 높이는 것이 되기 때문에 개체 재생산확률을 높이는 것이지만, 이타적으로 남을 돕는 것은 시간이나 노력이 소모될 뿐 아니라 위험하고 생존 기회를 감소시킬 수도 있는 것이다. 그럼에도 불구하고 이타적인 행동이 가능한 것은 유전자를 공유한 이들의 생존을 증가시키면서 자기 개체 유전자를 보존한다는 견해이다.

자식의 안녕을 자신보다 우선으로 두는 부모는 이를 무시하는 부모에 비해서 훨씬 자신의 유전자를 계승할 확률이 높다. 또 서로 간에 공유하고 있는 유전자의 생존

율을 더 증진시키기 위해 자기에게 가까운 친족의 목숨을 구한다. 다시 말하면, 우리가 타인을 도울 때 그 사람이 유전적으로 얼마나 관련이 있느냐에 따라 자신과 가까운 사람을 먼저 돌본다는 것이다(Burnstein, Crandall, & Kitayama, 1994). 우리 속담에 '팔이 안으로 굽는다'는 말도 이를 잘 반영하는 것이다. 이는 꿀벌들의 경우 같은 벌집에서 친족끼리만 관계를 하고 상호작용 한다는 사실에서도 드러난다.

나. 상호 호혜성(Reciprocity)

한편 친족보호이론으로 설명하기 어려운 이타적 행동은 너무나 많다. 우리는 서울역 같은 기차정거장에서 헌혈하는 장면을 자주 볼 수 있다. 텔레비전에서 병든 아이들의 딱한 사정이 소개되면 성금을 내는 통화량이 부쩍 늘어난다. 남이 버린 쓰레기를 치우는 시민도 적지 않다. 이처럼 대부분의 사람들이 자기의 친족만 돕는 것이 아니라 전에 듣지도 보지 못한 다른 사람들을 돕는 경우가 많다. 이런 일들은 앞서 이야기한 친족보호이론으로는 명쾌히 설명이 되지 않는다. 이에 대한 설명으로는 상호 호혜성 이론이 있다. 즉, 상호 호혜성 이론에 따르면 각 유기체는 서로를 돕는데 도움이 후일 어느 때고 되돌아 올 것이라는 것을 기대하기 때문이라는 것이다(Trivers, 1971). 그 예로 고양이나 원숭이는 다른 고양이나 원숭이의 몸을 손질해준다. 또 큰 물고기들은 작은 물고기가 입 안에서 수영하도록 삼키지 않고 놓아둔다. 이 작은 고기

들은 음식물 찌꺼기를 나눠먹고 세균들을 없애주는 역할
을 한다. 상부상조를 강조하던 우리 조상들에게 '두레와
품앗이' 같은 전통이 있듯이 오늘날까지 이 상호 호혜성
은 상호 생존에 필수적인 부분이라고 할 수 있다. 자연생
태계에서는 이런 예들이 많다. 빈 고동 껍데기 속에 사는
집게는 그들의 등에 말미잘을 짊어지고 산다. 말미잘은
게의 음식물에서 나오는 찌꺼기를 먹고 사는 대신 독이
있는 자신의 촉수로 게를 보호해 준다. 상호 호혜성은 큰
도시보다는 작은 도시, 상대적으로 고립된 집단, 또 사람
들이 서로를 쉽게 알아볼 수 있는 집단 사람들 간에 잘
일어난다. 큰 도시에 사는 사람들에 비해 작은 마을이나
시골에 있는 사람들은 부재중인 사람들의 전화메시지를
더 잘 전해주고, 분실된 편지를 더 잘 우체통에 넣어주
고, 조사인터뷰에 더 잘 협조하며, 미아 찾아주기에 더
협조적이고, 큰 도움을 주는 것으로 나타났다(Hedge &
Yousif, 1992).

다. 집단 내 협조(Cooperative group)

진화심리학자들은 자연선택설이 유전자에 국한하는 것
이 아니라 생체기관, 집단, 심지어는 종(種)에 이르기까
지 실로 광범위하게 나타난다고 본다. 인간은 남보다는
우선 자신의 이익을 보호하고 자기가 속한 집단의 이익
을 나와 상관없는 다른 집단에 비해 보호하고 증진시키
려한다. 그래서 자신이 속한 집단의 구성원들을 돕는 것
은 근본 속성이라는 것이다(Batson, 1998). 일본원숭이의

경우 그 군집에서 손, 발이 없이 태어난 지체장애원숭이
를 다른 원숭이가 거둬들여 보살피는 경우가 있고 엄마
원숭이가 없을 때 다른 원숭이가 대신 돌보는 것을 볼
수 있다. 일벌은 자기벌통의 꿀을 훔쳐가는 침입자에게
침을 쏘고 스스로 죽는 것처럼 전장에서 무명용사들은
나라를 위해 자신의 목숨을 바친다.

4. 60년대 이후 연구동향

Psychological Abstracts에 '이타행동'이 색인 항목으로
나타난 것은 1969년이며, 사회심리학 교과서에서 이타행
동이 동조나 순종의 장에 포함되었다가 독립된 장으로
등장하게 된 것은 1970년대이다(안신호, 1986).
60년대 중반까지는 규범(사회적 책임감 및 상호 호혜성)에
초점을 두어 연구(예, Berkowitz & Daniels, 1963)되었으나,
후반에는 사회학습이론의 영향으로 아동과 성인을 대상으로
모델링효과에 대한 연구가 많았다(예, Shotland, 1969;
Krebs, 1970). 60년대 말부터 70년대 초까지는 타인의 위기상
황에 개입하지 않으려는 주변인의 무감각(bystander apathy)
에 대한 연구가 활발했다(예, Berkowitz, 1972; Darley &
Latane', 1968). 70년대 중반에는 도움행동을 억제, 증진하
는 요인들에 대한 연구가 관심을 모으게 된다(예, Bar-Tal,
1976). 70년대 후반과 80대 초반에는 도움행동의 발달연구
와 도움행동이 일어나는 이유에 대한 주제로 넘어간다(예,
Hoffman, 1981). 1973년부터 81년까지 매년 30여 개의 연

구가 발표되면서 전체적으로는 약 296편이 보고되었다 (Batson, 1998). 80년대 초부터 친사회행동, 도움, 이타주의에 대한 연구들은 서서히 줄어드는데 Batson(1998)은 이를 사회심리학이 행동에서 점차 지각과 인지로 그 초점을 옮아가는 것으로 해석한다. 그러나 그와 동시에 사회심리학 분야의 거의 모든 교과서에 친사회행동, 도움, 이타주의에 대한 장이 하나의 독립된 장으로 나타난다. 또한 그동안의 연구들이 20여 개의 독립된 서적으로 편집되어 출간되는데 대표적인 것이 Eisenberg(1986), Krebs와 Miller(1985) 등이다.

D. 실험연구와 사례연구

이타주의에 대한 접근은 개별 상황에서 이타행동이 어떤 요인들에 의해 유발되는데 대한 실험적 연구와 실제 이타주의를 실천한 사례를 연구한 접근이 있다.

개별상황에서의 실험적 연구들을 세부적으로 살펴보면, 이타주의의 원리를 (ㄱ) 개인의 성격 내지 특성(예, 내외향성), (ㄴ) 상황변인(예, 책임분산), (ㄷ) 이타적 정서와 인지(예, 공감, 조망수용, 추론) 등으로 크게 구별되고 각 주제에 따라 개별적인 연구들이 실시되었음을 알 수 있다(채현탁, 1999). 안신호(1986)는 이타주의 연구를 개관한 후, 연구방향이 상황변인에서 인지와 정서 방향으로 전개되고 있으며 어느 한 요인으로 이타행동의 일반 원리를 설명하려는 것은 무리라고 밝히고 있다. Krebs와 Miller(1985) 또한 이타행동이 (ㄱ) 생물학적 요인과 문화적 요인, (ㄴ) 비교적 영구적인 개인특성과 상황적 특성 사이의 상호작용, (ㄷ) 가장 직접적인 요인인 인지적, 정의적 요인 등 다양한 요인들에 의해 결정된다고 보았다. 이렇게 볼 때, 실험연구에서의 결과들은 이타행동은 그 결정요인이 매우 다양하다는 쪽으로 결론을 맺고 있다.

한편 이런 실험적 연구의 결과들을 바탕으로 한 교육 프로그램도 제안되었다. Brown과 Solomon(1983)은 아동의 친사회적 이타적 행동발달에서 결정요인에 대한 모형을 제안하고 이를 바탕으로 아동발달프로그램을 실시하여 상당한 성과를 거두었다고 보고하고 있다. 우리나라의 경우도 인지적 요인, 정서적 요인, 규범적 요인 등으로 나누어서 아동 발달과 친사회교육 등에 적용한 연구들이 주로 이뤄져왔다(김혜령, 1994: 이혜주, 1996). 그러나 Staub(1978)은 이처럼 지나치게 인지적, 정서적 요인 등 각각에만 편중된 연구의 제한성을 지적했다. 그리고 이런 실험실 장면(laboratory setting)에서 이뤄진 연구들은 실제 생활에서 이뤄지는 이타주의에 대한 이해에 있어 제한적일 수밖에 없다(Krebs & Hesteren, 1992). 이런 점에서 개별적 사례를 통해 각 요인들이 개인의 삶을 통해 어떻게 형성되고 유지되는지에 대한 전체적인 조망을 해 보려는 시도들이 있다.

이런 방향 중 대표적인 하나가 일반인들이 대체로 동의하는 현격한 이타적 행동을 한 사람들을 대상으로 한 사례연구들이다. 여기에는 두 가지 흐름이 있는데 하나는 Blake(1978), Fellner와 Marshall(1970) 같이 한번의 영웅적 이타적 행동을 보인 사람들을 대상으로 한 연구다. Blake(1978)는 수류탄을 몸을 던져 막은 군인을 대상으로, Fellner와 Marshall(1970)은 20명의 신장기증자들을 대상으로 사례연구를 하였다. 여기서는 이타주의에 대한 실험적 연구와는 달리 행위의 기저에 깔린 동기나 무의식적 욕구를 추론하는 목적이 컸다. McWilliams(1984)는 이타주의자들이 피해자와의 동일시, 무의식적인 죄의식, 자신의 적대감과 탐욕에 대한 수치를 가지고 있는 것으로 해석했다.

　사례연구에 대한 또 다른 방향은 보다 지속적으로 자신의 삶의 일부분을 투자해온 사람들을 대상으로 한 연구들이 있다. London(1970), Rosenhan(1970), Oliner와 Oliner(1988) 등이 그 예이다. London(1970)은 나찌치하의 독일에서 자신의 목숨을 걸고 유태인들을 구출한 크리스천 독일인들 27명을 대상으로 연구를 했고, Rosenhan(1970)은 시민운동가 92명을 대상으로 사례연구를 진행했다. 이 연구들에서 이타주의자들의 특성은 부모의 가치를 채택하고 어느 한 부모와 견고한 관계형성을 하는 것으로 나타났다. 이에 반해 Oliner와 Oliner(1988)는 여러 나라에 걸친 팀을 구성하고 406명의 유태인을 구한 독일인들을 연구하고 같은 상황에서 구하는 행동을 하지 않은 집단 126명을 비교해 분석했다. 그에 따르면 자신의 목숨을 걸고 유태인들을 구한 사람들은 그 동기에 있어서 여러 가지 양상을 보이고 있다는 것이다. 즉 보편적인 인도적 동기 외에 종교적 가치, 외부에서 주어지는 인정이나 나찌에 대한 증오심으로 구조활동을 했다는 것이다.

이런 연구의 한계는 표본이 이타적 행동을 보이는 양태가 지극히 제한적이라는 것(예, 신증기증, 유태인돕기), 40년 전의 사실을 인터뷰하면서 기타 심리검사에서는 연구를 진행하는 시점을 반영하는 검사자료를 쓴다는 것(Krebs & Hestern, 1992), 앞서 지적한 바와 같이 동기에 있어서 진정한 이타행동이라고 하기 어려운 경우가 있고, 분석에 있어서 지나치게 성격적 특성에 초점을 맞추고 다른 특성에는 주의를 기울이지 않았다는 점 등이다.

이런 점에서 본 연구는 이전의 사례연구의 문제를 해결하여 다음과 같은 차별화를 시도하였다. 첫째, 이타적 행동에 있어서 특정한 분야에 국한하지 않고 다양한 분야에 걸쳐 있으며, 사회에서 인정한 이타적 업적을 보이는 사람을 대상으로 한다. 둘째, 그 이타적 행동을 일회적으로 실천한 사람이 아닌 최소 1회에서 35년에 걸쳐 지금도 실천하고 있는 사람들을 대상으로 한다는 것이다. 셋째, 또 분석내용에 있어서 성격적 차원만이 아니라 심리적 특성, 유지요인, 관계특성요인 등을 확인해보았다.

E. 이타주의 관련 특성

여기서는 기존의 실험연구에서 주변인의 무감각(bystander apathy)과 같은 상황요인을 제외하고 순수하게 이타성과 관련 있는 요인들로 밝혀진 특성을 좀 더 자세히 살펴보고자 한다. 이타성에 대한 세부적인 연구들은 크게 이타적 성격(Blasi, 1985; Hogan, 1973; Rushton, 1980), 공감(예, Hoffman, 1981), 조망수용(예, Bar-Tal, 1982), 도덕추론 (예, Eisenberg, 1986), 자기도식(예, Baron & Byrne, 1991), 정치적 입장(예, Mussen, 1982), 유사성(예, Batson, 1991), 도덕규범(예, Berkowitz & Daniels, 1963) 등에 대한 것이 있다. 그 외에 이타적 행동의 결과와 유지변인으로 주로 다뤄진 것은 내적 강화(예, Piliavin, Callero, & Evans, 1982), 종교(예, Amato, 1990) 등이고, 그 밖에 양육과정이나 관계측면으로는 중요한 대상과의 모델링/동일시(예, Oliner & Oliner, 1988), 친밀한 유대감, 경제적 박탈경험과 양육자의 긍정적 관심(예, Hoffman, 1975; Rushton, 1980) 등이다.

1. 성격요인

가. 지속성과 끈기

Hogan(1973)은 이타주의를 비롯한 도덕적 행동에 대한 이해를 위해서 성격구조를 이해할 필요성을 제시하였다. 사회집단의 규칙, 가치, 금기 등의 내면화가 성격발달과정에 영향을 주고 이런 성격이 행동을 하는 데 중요한 변인으로 작용한다는 것이다. 이타주의 성격에 대한 언급은 이미 Burton(1963)이 '도덕적 인격(moral character)'이라는 용어를 써서 상황에 관계없이 일관성 있게 드러나는 도덕적 특성을 설명했다. 이후에 Rushton(1980)은 이타적 성격(altruistic personality)의 특성을 통합감(integrity), 자아강도(ego strength)로 그 특징을 꼽았다. 즉 일관되고 독립적이며, 지속성이 있고, 높은 자기 통제감을 갖는다고 본다. 이런 사람은 여러 가지 상황의 변화에도 불구하고 안정적이고 독립적이며 그 행동에 있어서 예측가능성을 보인다는 것이다. 지속성과 끈기, 유혹에 대한 저항 등이 또한 이런 특성을 나타낸다. 이는 Blasi(1985)도 비슷하게 지적했는데 이타주의와 같은 도덕적 기능을 보이는 성격에서 나타나는 특성이 강한 의지, 선한 의지를 포함하고 있다고 한다. 이들은 공통적으로 지속성과 끈기를 꼽는다.

나. 자기효능감

지속성과 끈기 외에도 이타적 성격은 강한 자기효능감(self-efficacy)을 보이고 이타적 행동의 결과로 행복감(well-being)을 갖는다(Rushton, 1980). 일반적으로 자기효능감이라 하면 바람직한 결과를 얻기 위한 방법으로 어떤 행동을 할 수 있다는 능력에 대한 자신감(Bandura, 1977)인데 이타적인 행동에 있어서도 이런 효능감을 가지게 된다는 것이다. 즉, 이타적 행동을 하는 데 있어서 자신감을 가지고 자기가 효과적으로 남을 잘 도울 수 있을 것이라는 믿음이나 확신을 갖는다는 것이다. 그래서 이타적 행동을 수행하는 데 있어서 자발적이고 자기 통제적이며 단회적 행동에 그치는 것이 아니라 다른 이타적 행위를 연결해서 수행해 나가면서 효능감을 경험한다. 그리고 이타적 성향을 보이는 이들은 이타적 행동을 통해 동료들이나 또래에게서 명성을 얻는다.

2. 심리적 요인

가. 공감

다른 사람의 정서적 상태를 경험하는 공감은 이타주의를 촉진시키는데 왜냐하면 다른 사람의 아픔을 줄이려는 행동은 자기 자신의 정서적 경험이나 아픔을 또한 감소시키기 때문이다. 사람들이 타인의 고통을 관찰하게 될 때 공감적 정서가 일어나게 되면, 타인의 처지와 감정에 대해 같이 느끼게 됨으로서 다른 사람의 고통을 감소시키고 복지를 증진시키기 위해 도움을 주게 되며, 이때의 동기는 타인의 복지증진이 궁극적인 목적이 되기 때문에 진정한 이타적 성질을 갖는다(Hoffman, 1981).

'공감(empathy)'이라는 용어는 심리학에서 비교적 최근에 생겨났지만, 그 개념은 이미 19세기말에 독일어에서 등장했다. Einfühlen이라는 용어는 ein(안에)과 fühlen(느낀다)이라는 단어가 결합된 것으로서 '들어가서 느낀다'는 의미를 함축하고 있다. 공감에 대한 관심은 여러 연구자들에 의해 계속 되었지만 본격적인 연구는 인간의 긍정적인 사회행동에 대한 탐구가 본격화된 시기인 1950-60년대에 이르러서이다. 즉, 도움행동, 기부행동, 개입행동 등 긍정적 사회행동을 유발하는 동기 또는 기제를 찾으려는 과정에서 부각되었다(박성희, 1994).

공감에 대한 정의는 연구자들마다 다른데 그만큼 공감을 해석하는 관점이 다양하다는 것을 반영한다. 그중 공감을 행동으로 보는 관점, 개인적인 성격이나 지속적인 성향으로 보는 관점, 체험된 정서로 보는 관점 등 세 가지로 나누어 볼 수 있다(박성희, 1994). 행동으로 보는 관점에서는 공감이 밖으로 나타나는 행동으로 객관적인 관찰이나 측정이 가능하다는 것을 전제로 한다. 여기에 해당하는 가장 대표적인 예로는 Rogers(1975)의 정의를 꼽을 수 있다. 즉 공감은 다른 사람의 내적인 준거 틀을 정확하게, 그의 감정적인 요소와 거기에 관련된 사실을 잊어버리지 않고 마치 자신이 그 사람인 것처럼 지각하는 상태라는 것이다. 개인적인 성격이나 지속적인 성향으로 보는 관점에서는 공감이 개인이 가지고 있는 하나의 관점이며 태도이므로 상황의 변화에 관계없이 비교적 일관성 있게 나타나는 특성이라고 했다. 여기에는 상태공감과 특성공감이 있는데 특정한 상황에 드러날 수 있는 가변적 공감이 상태공감이고 자연스러운 공감적 성향으로 안정된 성격차원의 것이 특성공감이다. 체험된 정서로 보는 공감은 도덕적 판단과 함께 이타적 행동을 촉발시키는 중요한 요인이다. 타인의 정서적 아픔에 공감할 때 사람들은 이타적 행동을 통해 그 고통에서 벗어나고자 한다. 마찬가지로 공감을 통해 도움을 받은 상대방이 느끼는 기쁨·행복 같은 긍정적 정서를 함께 느낄 수 있기 때문에 공감은 이타적 행동의 기초가 될 뿐만 아니라 이타적 행동에 대한 중요한 예측치가 되기도 한다(Batson, 1998).

한편 이타행동에 직접적인 영향을 미치는 공감은 크게

두 가지 차원에서 연구되었다. 하나는 개인적 고통정서와 공감정서를 서로 결합된 정서로 간주하고 이 둘을 '공감적 고통'이라는 통합적인 용어로 표현하며 실행된 연구이고 다른 하나는 개인적 고통정서와 공감정서는 엄밀히 구분되어져야 하며 개인적 고통정서는 이기적인 도움행동을, 공감정서는 이타적인 도움행동을 유발한다는 경험적 증거를 찾으려는 연구이다(Batson, 1991). 타인의 정서적 상태를 보고 자기 지향적 염려나 근심을 갖는 것이 개인적 고통정서인데 이 때문에 정신분석에서는 이타주의를 방어기제의 하나로 보는 부분이기도 하다(Batson, 1998).

Hoffman(1981)은 인간의 초기적 감정이입에서는 자기의 불행감을 감소시키기 위하여 남을 돕거나 남에게 관심을 갖는 행동이 나타나지만 성숙된 감정이입에서는 남의 불행이 곧 나의 불행으로 느껴지기 때문에 남을 돕는 행위가 나타나게 된다고 설명한다. 또 이는 타인의 불행에 대한 공감과 함께 부당하게 대접하는 대상에 대한 분노, 적개심이 같이 나타나기도 해서 의분, 의협심으로 표현되기도 한다.

나. 조망수용

타인의 위치나 그가 처해 있는 상황에서 현상을 이해할 수 있는 조망수용능력은 이타적 행동결정에 중요한 요인이다. 당연한 이야기지만, 공간조망과 같은 물리적 조망수용능력과 이타적 행동 간에는 아주 낮은 정적 상관만 있는 반면 타인의 생각·감정 등을 이해하는 사회적 조망수용능력과 친사회적 행동 간에는 대단히 높은 정적 상관이 있다(Chalmers & Townsend, 1990). Eisenberg(1986)의 친사회적 추론과 Bar-Tal(1982)의 이타적 동기발달은 그 단계가 높아지면서 보다 확장된 사회적 관점을 채택하는 것을 의미한다. 곤경에 처한 타인의 관점을 취할 수 있는 능력은 이타적 행동을 가능하게 한다. 다른 사람을 이롭게 할 필요가 있다는 것을 알고 나서야 우리는 다른 사람을 이롭게 할 어떤 행동을 할 수 있다. 그리고 그렇게 하기 위해서는 다른 사람이 세상을 보는 것처럼 세상을 볼 필요가 있다. 즉 자기 스스로 다른 사람의 입장이 되어보는 것이다. 다시 말해, 조망수용이란 다른 사람의 감정이나 사고를 그 사람의 입장에서 생각하고 이해할 수 있는 능력으로, 성숙하고 안정된 대인관계를 형성하는 사람의 경우 높은 수준의 조망능력을 나타낸다고 하겠다. 다른 사람이 어떻게 생각하고 느끼는지에 대해 아는 능력은 그 사람을 대신해서 어려운 상황에 개입하는 데 있어서 더 나은 위치를 제공한다. 또 이는 이기적이지 않은 방식으로 의사소통하는 능력과 밀접한 관계가 있다고 한다(Rubin & Schneider, 1973).

자녀 양육에 있어서도 "타인 - 지향유도(other-oriented induction)"방식이 자녀의 공감, 이타성 발달에 큰 영향을 주는 것으로 나타났다(Hoffman, 1994). 즉 부모가 아이가 잘못을 저질렀을 때 피해를 당한 아이의 느낌이나 생각을 이해하게 하면서 지도할 경우 다른 사람에 대한 배려나 이해를 증진시킨다는 것이다.

다. 자기도식

5세와 8세 아동을 대상으로 아동의 이타적 자기 도식을 활용하여 돕는 행동을 증진시킨 연구(Grusec & Redler, 1980)나 10~11세 아동을 대상으로 한 보다 최근의 연구 (Froming, Baugnon, Ouaou, & Schwartz, 1995)에서도 아동의 이타적 자기도식이 명확하고 긍정적일수록 곤궁에 처한 사람에게 돈을 기부하는 행동의 필요성에 대해 보다 명확하고 주관적이며 내면적인 이유를 제시하는 것으로 나타났다 .

어떤 일을 할 때 상황에 귀인을 하는 것이 아니라 자신에게 귀인을 하고 자신이 이타적이라고 생각하는 사람들은 실제로 이타적 행동을 하는 경향이 높다(Baron & Byrne, 1991; Kosek, 1995; Moorman & Blakely, 1995). 자신의 이타적 성향에 대한 판단과 이타적 행동 간의 상관이 높다는 것은 이타적 특성에 관한 자아개념 또는 자기 도식(self-schema)과 이타적 행동이 밀접하게 관련되어 있음을 뜻한다. 이타적 행동이 자기를 규정하고 또 행동과 자아가 일치되고 그 일치에 의해 자기통합이 결정될 정도로 본질적 자아의 부분들이라고 한다면, 그 사람의 정체성에 부합하게 행동하지 않는 것, 삶에 본질적이고 중요하며 중심적인 것에 따라 행동하지 않는 것은 자아를 상실할 위험이 있는 것이다(박성희, 1994).

라. 정치적 입장

이타주의나 친사회적 행동은 대인관계 속에서 일어나는 행동이지만, 이는 또한 집단과 전체 사회에 대한 것이기도 하다. 일반적으로 자기의 이익보다 타인이나 타인의 이익에 대한 관심, 그들의 복지증진을 위해 사회적 정치적 구조 변화에 지지를 보내는 것은 정치사회적 진보주의(liberalism)인데 이는 내재적 개념상 친사회적 행동성향과 깊은 관련을 갖는다(Mussen, 1982). 그리고 이는 사람, 사회, 인간관계 등 세상을 보는 시각과 지각에 영향을 주고 사회적 태도나 행동에 영향을 주며, 자기 개념에도 영향을 끼친다. 보수주의자들에 비해 진보주의자들은 좀 더 독립적이고 비인습적이며 사고에 있어서 유연하고 내성적(introspective)이라고 한다(Mussen, Sullivan, & Eisenberg-Berg, 1977).

마. 유사성

유사성은 호감(liking)과 도움행동에 영향을 주는 중요한 결정요인이라는 연구들이 많다(예, Batson, 1991; Krebs, 1975; Shotland, 1969). 즉 유사함을 느낄수록 도움행동이 증가하게 되고 그 대상에게 느끼는 호감도 증가하게 된다. 상대방과 유사함을 많이 느낄수록 그 대상에 대해 공감적 관심을 더 많이 갖게 되고 이렇게 증가된 공감적 관심에 의해 결국 타인에 대한 도움행동 또한 증가된다는 것이다. 근래에는 유사성과 비슷한 개념인 타인(other)과 자기

(self)와의 지각된 일체감이 도움행동을 증가시키는 요인임을 밝힌 연구(Cialdini, Schller, Houlohan, Arps, Fultz, & Eaman, 1987)도 있다.

바. 규범 요인(사회적 책임감)

사회규범적 접근(social norms approach)은 이타행동을 개인보다 사회 규범에 초점을 두고 설명한다. 사회심리학자인 Berkowitz와 Daniels(1963)는 어떠한 사회라도 주어진 사회적 상황에서 사회의 구성원들이 어떻게 행동해야 하는가에 대한 기대가 있다고 보고 이를 사회적 규범으로 불렀다. 그리고 특히 어려움에 처해 있거나 도움을 필요로 하는 다른 사람에게 보상을 기대하지 않고 도와주어야 한다는 사회적 기대를 사회적 책임감의 규범으로 정의하고 있다. 사회구성원들은 일반적으로 이들 규범에 집착하도록 하는 압력을 받게 되며 이를 따르지 않으면 사회로부터의 비난, 또는 죄의식 등 다양한 형태의 사회적 벌이 예상된다. 즉 사회규범이 한 개인에게 이타적 행동을 요구하면 그는 이타적이 될 것이며, 규범의 특성에 의해 이들의 행동이 자체 집단 내의 사람들에게만 한정될 것인지 또는 집단을 벗어나 타인에게 확장될 것인지가 결정된다는 것이다(조휘일, 1998). 여기에는 세 가지 규범이 있는데 다음과 같다.

(1) 사회적 책임감(social responsibility)
어려움에 처해 있거나 도움을 필요로 하는 사람을 도

와야한다는 인식을 바탕으로 한다. 자신의 행동이 타인복지에 중요하고 책임을 져야한다는 인식하에 타인을 돕게 된다(Berkowitz & Daniels, 1963).

(2) 형평(equity) 또는 정의(justice)

일명 사회정의(social justice) 규범으로서 사람들은 자신들이 노력한 만큼 보상 받아야하며 부당하게 벌받거나 고통받아서는 안 된다는 기대다. 그렇기 때문에 누군가가 부당하게 고통받을 때 사람들은 그에게 도움을 주게 된다(Walster, Walster, & Bershid, 1978).

(3) 상호 호혜성(reciprocity)

상호 호혜적(주고받고) 규범으로서 도움을 받아온 사람은 도움을 준 사람을 도와줄 의무를 느껴야 한다는 것이며 이는 모든 협력적 행동의 기반이 된다(Gouldner, 1960).

특히 사회적 책임감이란 어려움에 처해 있거나 도움을 필요로 하는 사람을 도와야한다는 개념으로, 현대사회의 방관자적, 비사회적 태도를 설명하기 위해서 사회심리학자들이 사회적 책임감에 대한 관심을 가지기 시작하였다.
Bryan과 Walbek(1970)은 어떤 한 개인이 어려움에 처한 다른 사람을 돕겠다는 결정을 내리기 위해서는 먼저 자신의 행동이 다른 사람의 복지를 위해 중요함을 인식해야하고 책임감을 느껴야 된다고 했다. 다른 사람과 같은 동일한 정서를 느끼는 경향만이 아니라 다른 사람의 복지에 대해 개인적으로 책임감을 느끼는 경향에 의해 동기화

될 수 있다는 것이다. Maruyama, Fraser와 Miller(1982)는 개인적 책임의식이 돕기 행동뿐 아니라 나눔, 기부와 같은 친사회적 행동에도 영향을 미친다고 밝히고 있다.

Spiro(1963)는 아동이 다른 사람과 전체사회의 복지를 위해 일하도록 가르치는 이스라엘의 Kibuttz문화를 기술하면서 가장 빈번한 반응으로 사회적 책임감을 지적하고 있다. 그리고 Berkowitz와 Daniels(1963)는 외적 보상의 여부에 관계없이 다른 사람의 욕구에 따라 도와 주어야 한다는 사회적 책임규범은 다른 사람을 돕는 이타주의를 동기화 한다고 했다. 또 사회적 책임의 규범을 내면화 한 사람들은 물질적 이득이나 사회적 인정을 받기 위해서가 아니라, 옳은 일을 행한 데 대한 자기인정 또는 자기보상을 위해 다른 사람을 위한 행위를 한다고 한다. 그러므로 누군가가 도움을 필요로 할 때 그 사람을 도와야 한다는 의무감을 느끼는 사람은 직접적인 보상을 기대하지 않고도 타인을 도울 수 있다는 것이다.

Bronfenbrenner(1970)는 가정, 학교 그리고 공동체 사회가 각 연령에 책임감을 더 많이 할당하는 것이 다른 사람과 함께 공유하는 이타적인 행동을 사회화시키는 하나의 중요한 요인임을 지적하고 있다. 즉, 스스로 강한 개인적 규범을 가지고 있는 사람과 그들 자신에 대한 책임의식을 가진 사람이 그것이 없는 사람에 비해 더 많은 이타적 행동을 수행한다. Schwartz(1973)는 자신이 책임을 느끼거나 자신의 행동이 다른 사람의 복지에 중요하다고 인식한 사람일수록 도움행동을 더 많이 나타낸다고 했다. 즉 이타적 행동은 그 행동의 책임감과 중요성이 인식되고 있을 때 비로소 나타남을 알 수 있다. Whiting과 Whiting(1975)은 6개의 문화비교연구에서 책임감의 할당이 이타주의와 밀접하게 관계된다고 했다. 즉, 이기주의에 근거를 둔 문화와 이타주의에 근거를 둔 문화를 서로 비교한 결과, 다른 사람에게 도움을 제공하는 것, 어떤 일에 주장적인 것, 책임감을 강조하는 것 등이 이타적 중심문화의 중요한 특성으로 발견되었다. 이상과 같이 이타행동에 대한 규범요인을 강조하는 입장은 사회적 존재로서 인간을 바라보는 관점과 이타행동이 사회규범의 교육 및 강조로 증진될 수 있음을 시사해 준다.

사. 도덕적 추론

이타적 행동 또는 친사회적 행동은 갈등상황에서 자신이 택해야 할 행동을 도덕적으로 어떻게 판단하는가와 밀접하게 관련되어 있다(Eisenberg, 1982). 예를 들어, 학교가는 길에 다친 아이를 보았을 때 학교에 지각하지 않는 것과 다친 아이를 도와주는 일 사이에 갈등을 느끼게 마련이다. 만일 아동이 "어떤 일이 있어도 학교에 지각해서는 안 된다"는 도덕적 사고 판단수준에 머물러 있다면 이 상황에서 이타적 행동이 나타나기를 기대하기는 어렵다. 따라서 도덕적 추론능력과 이타적 행동 사이에는 정적 상관이 있다하겠다(Eisenberg, 1986). Eisenberg(1986)는 이를 다음과 같은 단계로 제시하고 있다.

단계1: 욕구충족적, 자기중심적 추론(hedonic, self-focused) -이 단계에서 개인은 도덕적 관심보다는 개인지향적 결과에 관심을 가진다. 다른 사람을 돕거나 혹은 돕지 않는 이유는 미래의 보답이나 직접적으로 자신에게 이득이 되기 때문이다.

(예) 내가 도우면 다음에 내가 어려울 때 네가 도와줄지도 모르니까 돕는다. 나와 관계가 없으니까 돕지 않는다.

단계2: 다른 사람의 욕구지향적 추론(needs of others) -이 단계에서 개인은 다른 사람의 욕구와 자신의 욕구 간에 갈등이 있더라도 다른 사람의 신체적, 물질적, 심리적 욕구에 관한 관심을 표명한다. 이러한 관심은 죄의식과 같은 내면화된 감정이나 분명한 역할 수용에 따르기보다는 다른 사람의 욕구에 대한 단순한 언어적 관심만을 나타낸다.

(예) 친구가 다쳤으니까 돕는다. 그 아이가 도움이 필요하니까 돕는다.

단계3: 승인 및 대인 관계적 혹은 상투적 추론(approved and interpersonal and/or stereotyped) -이 단계에서의 돕기 행동은 다른 사람의 승인과 수용여부에 의해 좌우되며 선과 악에 대한 고정관념에 의해 지배된다.

(예) 도우면 부모가 자랑스럽게 여길 것이다. 도와주면 더욱 친해질 수 있으니까 돕는다. 돕는 일은 좋은 일이니까 돕는다. 친구니까 돕는다.

단계4-a: 공감적 추론(empathic) – 이 단계에서의 판단은 동정적 반응, 자기 반성적 역할 수용, 다른 사람에 대한 배려 그리고 다른 사람의 행위의 결과에 관한 죄의식이나 호의적 감정 등을 포함한다.

(예) 불쌍해서 돕는다.

단계4-b: 변환적(공감적, 내면화된) 추론(transitional-empathic and internalized) – 이 단계에서는 내면화된 가치, 규범, 의무, 책임감 등의 문제를 포함하며 다른 사람의 권리와 존엄성을 보호할 필요성이 포함된다. 그렇지만 이런 견해가 분명하게 표현되지는 않는다.

(예) 그 사람을 도와주면 내가 기쁘니까 돕는다. 그 사람을 안 도와주면 내 마음이 아프니까 돕는다. 그 사람을 안 도와주면 다른 잔치에 가서도 즐겁지 않기 때문에 돕는다.

단계5: 강하게 내면화된 추론(strongly internalized) – 이 단계에서의 다른 사람을 돕는 행동의 정당성은 내면화된 가치, 규범, 책임감, 개인적 사회적 계약의무를 유지하려는 바람, 모든 사람의 권리 평등에 대한 신념 등에 토대를 둔다. 긍정적 또는 부정적 정서는 자기 자신의 가치와 수용되는 규범들에 따른 삶에 대한 자기 존중감을 유지하는 것과 관련된다.

(예) 서로 도우며 살아가야 하기 때문에 돕는다. 사람들은 서로 도와야하니까 돕는다. 다른 사람을 도울 의무가 있으니까 돕는다.

3. 유지요인

가. 내적강화

일단 도움 행동이 좋고 바람직한 행동이라는 것을 알게 되면, 이는 사람들에게 하나의 강화로 작용할 수 있다 (Bandura, 1977). 특히 외적 강화보다는 내적강화, 자기 보상 등이 지속적이고 장기간에 걸친 도움행동을 유지하는 데 있어 중요한 변인이다(Piliavin, Callero, & Evans, 1982). 다양한 요인에 의해 유발된 이타적 행동은 수혜자의 인정과 감사를 유발시켜 행위자의 자존감을 유지하는 데 기여하고 무엇보다 행위자에게 강력한 자기만족을 준다. 이러한 긍정적인 후속의 결과물들은 비록 의도하지 않았다 하더라도 이타적 행동을 계속하게 하는 강화물로 작용한다.

또한 좀 더 고차적이고 치료적인 의미의 강화로서 자기 치유적인 의미도 가진다. 즉 이타적 행위를 통해 자기 실현으로 나갈 수 있다는 것이다. 대표적으로 Victor Frankl(1969)은 우리 자신을 뛰어넘어 우리가 우리 밖에 있는 어떤 대상에 몰입함으로써 자신을 잊게 될 때 자기 침잠에서 벗어나 자기실현으로 나아갈 수 있다는 것이다.

나. 종교

종교는 장기간의 지속적인 이타주의(long-term altruism), 자원봉사, 기증 등과 관련된다(Amato, 1990). 기독교 신앙

심과 이타성과의 관계를 본 연구(김연진, 1993)에서도 기
초적 성경지식에 대한 신념만 갖고 있는 사람들은 이타적
경향을 보이는 것과는 무관하고, 성경적 가치관에 따른 행
동, 가치 및 태도를 가지고 있는 사람들은 매우 이타적인
성향을 가지고 있다고 한다. 이는 Allport(1966), Batson과
Gray(1981)의 연구와도 유사하다. 이들은 자신의 안녕, 사
회적 지위를 기원하는 실용적인 목적의 외재적 종교와 형
제애, 존재애에 대한 관심으로 자기이익에서 초월한 내재
적 종교를 변별하고 내재적 종교와 도움행동 간의 높은 상
관을 보고했다.

4. 관계특성

가. 중요한 대상과의 모델링과 동일시

Krebs(1970)는 수많은 모델링 연구를 개관하면서 모델
링을 통해 행동을 모방할 뿐 아니라 이타적 행동을 수행
한 후의 결과나 그 과정 중에 일어나는 자신과 타인의
상황에 대한 일련의 기대를 습득하고 예측하게 된다고
한다. 또한 부모의 이타적 행동과 다른 사람에 대한 배려
와 관심에 대한 동일시도 중요한 변인이 된다는 것이다
(Mussen & Eisenberg-Berg, 1977). 영웅적인 이타주의
를 보인 인물들을 살펴보면 종종 그들의 부모의 영향을
볼 수 있다. 쉰들러 경우 아버지와 갈등이 있긴 했지만,
아버지의 의견을 존중했다. 유태인을 도운 다른 사람의

경우 적어도 부모 중 한사람이 상당히 높은 수준의 도덕
적 규준의 모델이 있었다고 한다(Oliner & Oliner, 1988).
또한 부모가 어려서부터 타인에 대한 관심을 가지고 다
른 사람의 곤란이나 필요에 대해 반응을 하는 경우 이를
더 발달시킬 수 있다. 이런 특성과 태도는 아동에게 여러
가지 방식으로 내재화되고 동일시되게 된다. 또 모델이
되는 부모의 특성은 양육적(따듯함, 관심, 타인에 대한
흥미)이고 강건함(통제력, 권위), 관대, 동정으로 대변된
다(Yarrow, Scott, & Waxler, 1973).

나. 부모와의 친밀한 유대감(emotional bonding)

초기 아동기, 유아기를 거쳐 양육자와의 친밀한 유대감
을 경험하는 것이 이타주의의 기본이 되는 공감이나 동정,
타인에 대한 관심의 기초를 이룬다. 초기 양육자 특히, 부
모의 행동이 이런 능력을 배양하는 데 있어서 중요한 공
헌을 한다는 보고가 많다. 그 대표적인 연구로 네덜란드에
서 이뤄진 한 연구(Janssens & Dekovic, 1997)에서는 지
지적이고, 부모로서의 권위를 가지며(authoritative) 자유
로운 환경에서 양육된 아동들이 더 친사회적으로 행동하
고 도덕적 이슈에 있어서 친사회적인 방향으로 높은 수준
의 추론을 했다는 점을 밝혔다. 홍콩에서 보고된 한 연구
(Ma & Leung, 1995)에 따르면 이타적인 아동은 응집성
이 높고 조화로운 환경에서 자라고 가족 구성원 간에 분
노, 공격, 갈등이 거의 공개적으로 드러나지 않았다고 한
다. 이타적 성향은 또한 지적이며 문화적인 활동을 강조하

는 가족에게서 높았다. Hoffman(1975)은 이타적 아동은
적어도 한쪽 부모(주로 동성의 부모)가 이타적 가치를 전
달하는 사람이거나 희생 위주의 훈육을 사용하는 사람(주
로 반대성의 부모)임을 밝혔다. 희생위주의 훈육은 아이들
로 하여금 희생자의 감정에 관심을 가지도록 만들고 배상
과 사과의 필요성을 강조한다. 이런 훈육방식은 아동을 도
덕적으로 사회화하는 주요한 원동력이 된다고 한다. 또한
벌이나 보상을 강조하는 부모의 아동에 비해 공감을 강조
하는 부모의 아동이 더욱 이타적이고 공감적인 경향이 있
다(Hoffman, 1994). 그리고 이런 부모와 친밀한 유대감
(emotional bonding)이 형성된다. 부모와의 초기 애착 패
턴이 이타주의를 결정할 것이라는 가정(Sharabany, 1984)
은 비교문화적인 인류학의 연구에 의해서 지지된다.
Cohen(1978)에 따르면 장기간 지속적이면서 거부적이지
않은 안정된 관계하(long-term nonrejecting stable
relationship)에서 이타주의의 기본 요소인 동정, 공감 등
이 발달된다는 것이다.

다. 경제적 박탈경험과 양육자의 긍정적 관심

대상관계이론에 따르면 정상적인 상호 관계와 대상관계
를 유지하는 보통 사람들 모두 이타성을 획득할 수 있다.
또한 따뜻하고 애정 있는 관계경험과 함께 좌절을 겪은 성
인들이 가장 이타적일 수 있다(Sharabany, 1984). 반대로,
심리적으로 회복되지 않는 고난을 경험하거나, 혹은 전혀
어려움 없이 성장한 성인들이 보다 덜 이타적일 수 있다.

물질적 박탈 경험 즉 경제적으로 빈곤한 경우가 양육자의 긍정적 관심(존중)과 결합되어 있을 때는 이와 반대인 경우보다 더 높은 수준의 이타주의로 이끄는 것으로 나타났다(Yinon, 1979). Rutherford와 Mussen(1968), Rushton(1980), Staub(1978) 등의 연구에서도 유의미한 사람과의 충분한 긍정적인 경험이 있어 좌절을 견뎌냈다면 이타주의가 증가한다는 대상관계 이론을 지지한다.

III. 연구방법

본 연구의 분석방법은 면접 자료자체에서 주제별 공통점과 결론을 도출하는 전통적인 의미의 질적 분석 방법이 아니다. 질적 분석방법이 기존 이론의 구성요소들의 제한을 받지 않고 현상을 자연발생 그대로 탐색할 수 있어, 현상을 깊고 풍부하게 조직화하고 묘사할 수 있다는 장점이 있지만, 질적 연구자 혼자 모든 자료를 수집하고 부호화하는 과정에서 야기되는 객관성 결여와 결과의 반복성에 대한 문제가 지적되었다(Hill, Thomson, & Williams, 1997). 따라서 본 연구는 면접 자료자체에서 주제별 공통점과 결론을 도출하는 질적 분석방법 대신 기존 이타주의 이론이나 선행연구에서 나온 개념을 토대로 분석범주를 정하고 이를 바탕으로 면접 자료를 분석하는 방법을 사용했다. 즉 특정 개념이나 이론을 중심으로 범주를 구성하고 원자료의 축약된 코딩내용에서 그 개념을 확인하는 내용분석(content analysis)과정이다(Krippendorff, 1980). 내용분석은 의사소통과정에서 인간의 지식이 발전해 왔다는 데 착안해서 다양한 의사소통자료를 분석하고 추론을 통해 이론의 확장에 기여해왔다. 그런 점에서 이 연구방법은 정신과적 인터뷰나 개방질문을 통한 인터뷰를 통해 얻은 내용을 분석하고 심리적 특성을 파악하는 데 유용하게 쓰여진다(Holsti, 1968).

A. 연구대상

본 연구의 인터뷰 대상은 MBC '칭찬합시다'프로그램
을 통해 추천된 대상 중 다시 담당 프로듀서 1명과 사회복
지학과 교수 1명의 자문을 거쳐 대표성을 띤다고 판단되
는 사례 61명이었다. 1998년 4월 20일부터 2001년 11월 2
일까지 방송된 전체 170여 명의 출연자 가운데 (1) 한국인
이며 (2) 타인을 위한 이타적 행동이 현격하고 (3) 다른 이
타적 인물 1인 이상에 의해 추천을 받은 사람으로 (4) 이타
적 행동이 생계나 직업의 유지수단으로 행해지지 않으며
(5) 정부의 보조나 기타 공식적인 외적 보상을 받지 않는
다는 기준에 부합하는 사례를 뽑았다. 170여 명의 출연자
는 매주 1회씩 방송마다 다른 이타적 업적을 가진 사람을
추천하는 방식으로 진행해서 출연대상들이 소개되었는데
이는 자연스러운 눈덩이표집(snowball sampling)방식
(Meredith, Walter, & Joyce, 1996)이라 하겠다.

B. 면접 및 자료수집방법

면접방법으로는 회고적 면접법(retrospective interview)
을 이용했다(Bloom, 1985). 회고적 면접법은 정보제공자
들이 과거에 경험했던 사실이나 반추된 기억들을 연구자
료로 수집하는 자료수집방법이다. 연구자는 본 면접에 들

어가기 전 전화로 사례대상 인물과 접촉하여 대상인물들
에게 연구내용과 방법을 설명해 주었다. 또 연구의 목적
등에 대한 대략적인 설명을 기록한 문서 1매를 발송했다.
이는 부록B에 제시되어 있다.

　면접은 반구조화 형식으로 1 : 1로 진행되었다. 이 면
접은 연구자에 의해 훈련받은 상담 및 사회복지 전공 석
사과정생 8명으로 진행되었다. 이들은 개인적으로 상담
경험과 면접훈련을 받은 경험이 있는 사람들이고 8시간
에 걸쳐 대략적인 연구목적, 연구내용을 들은 후 면접과
정, 면접 지침 등을 훈련받았다(면접 지침은 부록A에 제
시되었다). 면접자의 훈련은 본 연구자에 의해 진행되었
고 그 과정은 다음과 같다. 우선 두 명씩 짝을 지어 면접
상황을 재연하고 이를 전체 녹음한 후, 그 자리에서 재생
해 들어가면서 부자연스런 부분을 확인했다. 그리고 역할
연습을 통해 부자연스러운 부분은 수정했다. 또한 면접
과정의 신뢰도를 높이기 위해 각 면접자가 피면접자 역
할을 하여 면접을 진행한 후 면접절차에 관한 합의를 보
고, 다시 피면접자 외 한사람을 골라 면접한 후 축어록으
로 작성해 그 결과를 놓고 논의를 거쳐 면접 과정을 수
정했다. 그 외 대상자의 인적자료와 활동내용, 면접과정
중의 특이 사항을 녹음현장기록지에 별도로 기록하도록
하였다(이는 부록C에 제시되어 있다). 녹음 현장 기록지
에 포함되는 내용은 인터뷰날짜, 장소, 참여자의 이름, 생
년월일, 직업, 주요성장지, 활동내용, 기간과 인터뷰 과정
에서의 비언어적 행동(목소리크기, 자세, 얼굴표정, 눈 움
직임, 말의 힘, 몸의 움직임과 손의 제스처), 면접내용(주

단어 사용, 주제, 초점, 탁월한 문장, 구), 면접자의 인상
(어떤 주제에 대한 참여자의 불편감, 대체적인 분위기
등) 등이다. 이에 대한 예는 다음과 같다.

예)녹음현장기록지

인터뷰 날짜	2001. 07. 14	참여자 번호	39 번
성 명	박○○	인터뷰 장소	"안산△△센터"
생년월일	1961. 11. 01	성 별	남
주요 성 장 지	서 울	직 업	목 사
연락처	031)000-0000	가족관계	어머니, 부인, 2남
주 소	경기도 안산시 △△동 000-0번지		
주요활동내용	주요활동기간: 1994 ~ 현재(16 년 개월)		
	〈주요활동내용〉 □□ △△교회 외국인 노동자 선교회 총무 (1996- 1998) □□ 외국인 노동자 대책 협의회 회장 (1998) □□ ○○ 실업극복 운동 협의회 대표 (1999-현재) □□ ○○ 자활후견기관 관장 (2000-현재) □□ 기독교 ○○ 집행위원장 (2000) □□ 기독 시민사회○○집행위원장 (2000-현재) □□ 안산 ○○ 담임 (1990-1999) □□ 안산 ○○ 소장 (1994-현재)		

인터뷰 날짜	2001. 07. 14	참여자 번호	39 번

성 명	박○○	직 업	목 사
인터뷰 시간	시작시간 10:00 종료시간		12:00

주요활동내용
주요활동기간 1994 ~ 현재(16 년 개월)

〈주요활동내용〉위 참조.

주위환경에 관한 서술
안산 ○○는 가정집을 개조한 것으로 약간 지저분하지만 편안한 느낌을 주었다. 토요일이어서 그런지 그곳에는 자원봉사자와 외국인 노동자들이 많이 있었다. 인터뷰 장소는 사무실이었는데, 좁고 더워서 인터뷰가 진행되는 동안 조금은 답답함을 느꼈다.

면접자의 인상
(어떤 주제에 대한 참여자의 불편감, 대체적인 분위기 등)
□□인터뷰는 2시간 정도 진행이 되었는데, 목사님 특유의 어법으로 말이 장황한 편이었다. 인터뷰가 진행되는 동안에도 바쁘게 처리해야 할 일들 때문에 가끔 인터뷰가 중단되기도 했다.
□□면접자의 인상은 푸근하고 편안해 보였으나, 인터뷰 내내 약간은 사무적이고 딱딱한 태도를 고수하셨다.

면접 내용
(주단어사용, 주제, 초점, 탁월한 구, 문장)
□□말씀을 하실 때 내용이 반복되는 것이 많았으며, 또한 한 문장이 매우 길어지는 경우가 대부분이었다.
□□인터뷰 내용에는 종교적이고 철학적인 성찰이 담긴 주제와 사회구조적인 문제에 대한 비판이 많았다.
□□현재의 본인을 설명할 수 있는 근거를 가족을 통해 찾고자 하는 경우가 많았는데, 그래서인지 가족사에 대한 설명이 구체적으로 길게 이어졌다.

비언어적인 행동
(목소리크기, 자세, 얼굴표정, 눈 움직임, 말의 힘, 몸의 움직임과 손의 제스처)
□□목소리 크기는 큰 편이었으며, 발음과 속도가 정확한 편이었다. 얼굴 표정과 자세는 확신에 차 있었으며, 말 한마디 한마디에 힘이 들어가 있었다.
□□특별한 비언어적 행동을 보이지는 않았다.

기술적인 문제
(녹음 시 5분 상실 등)
중간에 테이프를 뒷면으로 돌려야 했는데, 미리 알아서 돌렸기 때문에 녹음 상실은 없었다. 인터뷰 시작 전에 철저하게 점검을 해서인지 기술적인 문제는 없었다.

각 면접은 아래에 제시되어 있는 개방형 질문으로 이뤄지고 진행 시간은 약 90분-120분($M=98$, $SD=15.6$)이 소요되었다. Kvale(1996)의 심층 면접 절차를 참고로 하여 참여자들의 경험을 심도 있게 표현할 수 있도록 했다. 면접은 참여자가 편리한 시간을 선택했고, 면접 시 장소는 참여자가 편하게 느끼거나 주변의 방해 없이 면접이 가능한 곳으로 정해 진행되었다.

면접을 위해 4가지 영역으로 구성된 반구조화 면접 질문지를 본 연구자가 초고를 잡고 심리학과 교수 1인의 자문을 얻어 확정지은 다음 사용하였다. 여기에 포함된 구체적인 질문내용은 다음과 같다.

면접질문에 포함된 영역

1. 발달과정과 관계특성
가. 지금의 선생님의 모습에 영향을 준 어릴 적 경험에 대해 말씀해 주십시오.

나. 선생님의 부모님에 대해 말씀해 주십시오.

다. 어린시절 있었던 일로 가장 크게 기억에 남는 일이 있으면 말씀해주십시오.

2. 자신에 대한 개념
가. 선생님은 자신을 어떤 사람이라고 생각합니까?

나. 다른 사람과 구별되는 선생님의 특징에 어떤 것들이 있습니까?

다. 지금과 다르게 살수 있다면 어떻게 살아갈 것입니까?

3. 인간본성과 관계에 대한 개념

가. 인간의 본성에 대해 어떻게 생각하십니까?

나. 선생님이 내다보는 사람과 사람의 관계는 어떤 것입니까?

4. 이타주의특성의 발달과 유지

가. 처음 이런 일을 시작하시게 된 계기는 무엇이었습니까?

나. 이 일을 하시는 데 어려움은 어떤 것이 있습니까?

다. 무엇이 이런 일을 하는 것을 유지하게 합니까?

라. 남을 도울 때 어떤 생각을 가지고 돕습니까?

자료수집은 약 6개월이 소요되었고 소록도, 울릉도, 제주도 등을 포함해 전국에 걸쳐 진행되었다. 각 사례의 분포는 서울 22명, 경기도 10명, 경상도 9명, 충청도 5명, 전라도 5명, 제주도 4명, 강원도 3명, 소록도 2명, 울릉도 1명이었다. 61사례 중에서 응답이 저조해서 분석하기 부적절한 1개 사례를 제외한 최종 60사례가 분석의 대상이 되었다.

C. 자료 분석

1. 축어록 작성

이타주의자들을 면접한 결과를 내용분석을 위하여 축어록을 먼저 작성했다. 면담내용의 축어록은 진술한 그대로 작성하는 방식(word-by-word)으로 기록했다. 축어록에는 면접자의 진술과 피면접자의 진술이 모두 기록되며, 면담 도중에 손님이 오거나 전화가 걸려와서 면담이 중지된 경우에는 면담이 중지된 이유와 시간 등을 기록했다. 면접내용은 참여자들의 사전 동의를 얻어 녹음하였고, 면접 중 핵심사항은 녹음현장기록지에 기록하였다. 또한 면접 당시 분위기와 참여자가 면접에 응하는 태도와 비언어적 의사소통, 면접 전후의 대화내용 및 다른 특기할 만한 사항도 기록하였다. 면접 녹음테이프는 다음 면접이 시작되기 전까지 일차 전사(transcription)하였고, 연구자와 인터뷰한 학생이 테이프를 들으면서 전사내용을 검토하여 잘못되거나 누락된 부분을 각각 수정하였다. 전사는 녹음된 내용을 빠짐없이 기록하는 것을 원칙으로 하였으나 참여자의 개인정보가 노출될 수 있는 이름과 지명 등은 모두 삭제하였다. 각 사례의 축어록 분량은 한 사례당 A4용지 20～50매 정도이며 60개 사례를 모두 합쳐 2001매이다.

2. 사례연구 데이터 베이스 제작

사례연구 데이터베이스는 정밀한 분석을 실시하기 위해 원자료를 쉽게 검색할 수 있는 방식으로 조직된 제재를 의미한다(Yin, 1984). 본 연구에서는 축어록의 내용을 화제가 바뀌거나 질문이 바뀌는 부분을 단락화했다. 이러한 분석단위는 부가적인 정보가 없이도 해석될 수 있는 최소의 정보단위를 제공한다(Merriam, 1988).

연구자는 각 사례를 우선 축어록 순으로 부호화한 후에 다시 질문 순으로 부호화했다. 그 후 다시 화제가 바뀌는 경우(예, 면접자가 화제를 중단하거나, 다른 화제로 말머리를 돌릴 때, 혹은 자연스럽게 다른 화제와 연결 될 경우)는 다음 미세단위로 구분해서 묶었다. 여기서 말실수, 문장이나 단어의 반복, 감탄사(음 …… 하 ……), 말더듬 등은 따로 구분하지 않았다. 그리고 침묵의 경우 침묵시간을 재서 기록하도록 했고, 제스추어나 눈물짓는 행동도 괄호에 첨가해 기록하도록 했다. 또 분석을 하는 전 단계작업으로 각 문단을 의미요약(meaning condensation)을 통해 인터뷰 대상자들이 표현한 의미를 다시 짧은 형태로 요약하는 방식으로 정리했다(Kvale, 1996). 각 중심주제를 오른쪽 다단에 기록하고 그 주제에 핵심이 되는 단어나 구절을 밑줄을 그어 표시했다. 그리고 각 의문문단을 사례번호 - 질문순서 - 의미단락으로 부호화했다. 이를 예를 들어보면 다음과 같다.

예1.

단위	중심주제
질문1) 선생님 어린 시절은 어떠셨나요?	01-01-01
1. 글쎄요. (침묵 5초) 별다른 것은 없었던 거 같아요. 그저 평범한 아이였지요. 좀 달랐다면 …… 상당히 눈물이 많았다는 거, 아픈 강아지를 봐도 그렇고 또 음 …… 길 잃은 강아지를 보면 집에 대려와서 키우고 그래서 가족들이 귀찮아했죠. <u>남들이 아픈 거를 잘 못 봤어요.</u>	동정심이나 눈물이 많음
2. 또 다른 것은 <u>사람들을 잘 배려했다는 것</u>이라고 생각합니다. 힘든 일이 있으면 다른 사람들이 힘들 수 있으니까 내가 먼저 나서는 일이 많았지요.	01-01-02 다른 사람들 배려함

예2.

단위	중심주제
질문6) 다른 사람과 구별되는 선생님의 특징이 있다면 말씀해 주세요.	41-06-01
1. 뭘 보더라도 …… 내 같은 경우는 상대방이 내 입장이라든지 내가 상대방 입장이면 어떻겠나카는 그런 생각을 많이 가지지. 그러니까 상대방을 좀 이해할라고 노력을 하지. 그리고 또 딱한 처지가 있다카면 '아! 저럴 때는 내가 어떻게 해야 되겠는가? …… 거 100프로는 못도와주니까 마음 아플 때가 더 많지요 ……	상대방입장에서 생각
2. 그라고 또 뭐 내가 사람을 만나더라도 인자 있는 사람보다는 이래 없는 사람, 어려운 사람 쪽으로 마이 만나게 되지요. 내가 그쪽으로 키를 틀어났기 때문에 ……	41-06-02 어려운 사람에게 관심을 돌림

3. 타당화 작업

　타당화를 위하여 질적 사례연구에서 자주 사용되는 삼각측정법을 이용했다. 삼각측정법은 나타나는 발견점들을 확인하기 위하여 여러 조사자의 검토, 여러 가지 자료출처들과 방법들을 사용한다(Merriam, 1988). 본 연구에서는 석사과정생 2인과 심리학과 교수 1인의 연구참여를 통해 타당성을 높였다. 연구자는 다음 세 가지 차원에서 타당화 작업을 시행했다.

　첫째, 원자료 수집과정에서 타당화를 시도했다. 축어록에서의 원자료는 정보제공자가 현재 기억하고 있는 바를 그대로 기록한 것으로 진술내용 중에는 실재와 다른 내용들이 개입되어 있을 가능성이 있다. 연구자는 원자료의 타당성을 높이기 위하여 사례에 관한 방송자료와 방송국 작가로부터 넘겨받은 문헌자료들을 검토했다. 이를 위해 인터넷(http://www.imbc.com)의 지난 방송분을 일일이 확인하고 누락본은 방송국의 문헌자료를 기준으로 확인했다.

둘째, 사례연구 데이터베이스 제작과정에서 타당화를 시도했다. 이 과정에서 원자료를 질문별, 화제전환별로 구분하고 분석을 위한 최소단위로 단락화했다. 그리고 이를 다시 주요 핵심단어를 기록하고 이 단락화와 핵심단어기록이 적절한지를 연구자 외에 2인의 석사과정 자료분석자가 같이 내용에 대해 검토했다.

셋째, 범주화 과정에서 타당화를 시도했다. 연구자는 이타주의자 특성의 범주화가 적절한지 여부를 석사과정 자료분석자 2인과 심리학 교수 1인을 통해 검토함으로써 분석내용의 타당성을 높였다.

4. 평정자간 일치도 산출

내용분석(content analysis)을 위하여 문헌 기록이나 매체내용을 코딩하는 경우 평정자 간의 일치도를 구하는 것이 필수적이다(박광배, 엄진섭, 1996). 평정자 간 일치도를 나타내는 여러 가지 지수들을 일치계수(coefficient of agreement)라고 부르는데 본 연구에서는 두 명의 평가자와 두 개 이상의 평가범주의 경우이므로 Cohen(1960)의 Kappa(K)지수를 구했다. 이를 위해 석사과정의 학생이 분류에 대한 지침을 읽고, 각기 독립적으로 평정을 3차례 했다. 이때 산출된

Kappa(K)지수는 각각 .92, .85 그리고 .87이었다. 면접자의 예비 면접 과정을 녹음해서 만든 축어록과 170명의 출연자 중 예비로 확보된 '칭찬합시다' 주인공 2명의 사례를 가지고 각각 평정을 했다. 이 두 사례는 각각 30대, 40대 남자 장애자, 일용직 노동자의 사례였다. 평정 중 불일치된 것은 다시 본 연구자와 논의를 거쳐 결정을 했다. 그래도 결정이 나지 않는 경우는 제외시켰다.

5. 분석 범주(category)

내용분석을 위한 범주(category)를 선정하기 위해서 이타주의자들의 특성과 관련되는 개념들을 중심으로 선행 연구 결과들의 변인을 가지고 구성했다. 범주구성에 있어서는 명료성, 독립성, 연구문제 관련성 등 Holsti(1968), Guba와 Lincoln(1981)이 제시한 범주구성의 원칙을 기반으로 정했다. 연구문제와 관련해서 성격요인범주 2개, 심리적 특성 범주 7개, 유지요인범주 2개, 관계특성범주 3개가 포함되었다. 이는 앞서 이론적 배경에서 고찰한 이타성 관련 특성을 참고로 구성하였다. 각각에 대해 간략하게 살펴보면 다음과 같다.

1. 성격요인 범주
가. 지속성과 끈기   나. 자기효능감

2. 심리적(인지, 정서적) 요인범주
가. 공감   나. 조망수용   다. 자기도식
라. 정치적 입장   마. 유사성   바. 규범
사. 도덕적 추론

3. 유지요인범주
가. 내적 강화   나. 종교
4. 관계특성범주
가. 중요한 대상과의 모델링/동일시
나. 부모와의 친밀한 유대감
다. 경제적 박탈경험과 양육자의 긍정적 관심

이 범주에 대한 타당화를 위해 심리학과 교수1인의 자문을 얻고 석사과정 2인의 합의를 거쳤다. 한 세부적인 코딩 과정은 두 평정자에게 본 연구자가 만든 코딩지침을 여러 번 읽도록 해서 익숙하게 한 다음 코딩에 들어가게 했다. 그 코딩 지침은 부록 D에 제시되어있다.

6. 자료요약 및 코딩

이렇게 분석된 자료는 각 사례를 분석 범주(category)에 따라 각각의 평정자가 일치한 경우만을 따서 분석 결과 표 우측에 그 범주에 해당하는 현상이 나타났는가의 여부를 '+', '-'로 표시해서 코딩했다(Kvale, 1996). 그리고 그 해당문단 번호를 기록했다. 각 사례에서 발견되는 성격, 심리적 특성, 유지변인, 관계특성범주에 대한 하부 요소들을 코딩하고, 그 코딩결과를 하나의 결과표로 아래의 예와 같이 정리했다.

80

예) 코딩 결과

요 인	범 주	+/- 코딩	해당문단번호
성격요인	지속성과 끈기	+	53-04-01 53-05-01 53-13-05
	자기효능감	+	53-01-01 53-12-01 53-13-08
심리적 (인지, 정서적) 요인	공감	+	53-01-02 53-02-07 53-03-02
	조망수용	+	53-01-05 53-05-02 53-09-02 53-03-03
	자기도식	+	53-13-02 53-11-03
	정치적 입장	-	
	유사성	-	
	규범	+	53-07-01 53-12-01
	도덕적 추론	+	53-03-04 53-12-03 53-13-01
유지요인	내적강화	+	53-01-04 53-06-08
	종교	-	
관계특성	중요한 대상과의 모 델링/동일시	+	53-02-01
	부모와의 친밀한 유 대감	+	53-02-03 53-02-02
	경제적 박탈경험과 양 육자의 긍정적 관심	+	53-02-04

다시 분석 결과에 대한 신뢰도를 높이기 위해 심리학
석사졸업생 2인으로 하여금 축어록과 결과표를 보고 분

석에 대한 피드백을 요청하여 그 결과를 본 연구결과의
분석내용과 비교하는 과정을 거쳤다. 이 과정은 4개월이
소요되었고 전체 60사례를 20사례씩 끊어서 분석하고 일
단 20사례분석이 끝나면 다시 평정자 간 일치도를 다음
사례에서 다시 구해보고 다음 사례진행으로 나아갔다. 첫
번째 Kappa(K)지수는 .85였고 다음 40사례 후의 Kappa
(K)지수는 .87이었다.

7. 결과분석

대표적 이타주의자들(Exemplary altruists)의 성격과
인지적 요인, 정서적 요인 등 심리적 특성, 이타동기와
행동을 유지시키는 요인, 인간관계측면의 분석을 위해서
각 범주별로 인터뷰자료를 가지고 평정자들이 합의한 결
과를 분석했다. 내용분석 한 결과를 각 범주에서 전체 이
타주의자들 가운데 어느 정도가 나타나는지의 빈도를 구
하고 또 각 사례별로 그 특성이 어느 정도 나타나는지를
평균과 표준편차를 구해 제시했다. 그 결과를 알아보기
쉽게 하나의 표로 제시했다. 그리고 각 범주에 해당하는
사례 빈도의 차이가 통계적으로 유의한지를 알아보기 위
해 χ^2단일사례검증(one sample test)을 하였다. 또한 각
범주별 내용분석 결과를 축어록에서 직접 인용해서 제시
했다. 결과 기술에서 참여자들의 경험과 시각을 이들의
언어로 좀 더 생생하게 전달하기 위해 축어록에서 관련
부분을 부분적으로 인용하였다.

Ⅳ. 연구결과

A. 인적 정보

분석대상 총 60명 중 여자가 13명, 남자가 47명으로 남자가 약 79%의 비율을 차지하고 있어, 남성이 훨씬 더 많은 것으로 나타났다. 또 연령의 평균은 47.2세이고 표준편차는 8.8이었다. 연령대를 살펴보면, 20대가 1명, 30대가 11명, 40대는 26명, 50대는 15명, 60대는 7명로 나타났다. 4~50대가 전체의 약 69%로 가장 활발하게 이타적 행동을 하고 있었다.

직업을 살펴보면, 60명 중 전문직이 18명, 장애인이나 노인시설 혹은 단체 등 비인가시설 운영자가 9명, 상업이 9명, 성직자가 5명, 노무직에 종사하는 사람이 5명, 농어업이 3명, 예술가 1명, 학생 1명, 기타 9명으로 나타났다. 기타로 분류된 사람들의 경우 직업이 전직 미화원, 주부, 고정적 직업이 없는 사람들이 분류되었다. 전문직종 18명을 제외하면 건어물장사, 중국집 주인, 호떡 장사 등 특별한 사람이 아니라 우리 주변에서 만날 수 있는 이웃들의 모습이었다. 전체 연구대상 중에서 자신이나 혹은 가족이 장애인인 사람이 15명이었으며, 이들 중 8명은 장애인 시설이나 단체를 운영하면서 다른 장애인들을 보살피고 있었다.

　활동기간에 있어서는 범위가 1회에서 35년까지이다. 중간값은 15년이다. 1회적인 이타행동(신장기증, 수해복구)을 보인 사람이 2명, 활동기간이 5년 미만인 사람이 6명, 5~10년 동안 활동한 사람이 17명, 11~15년은 16명, 16~20년이 9명, 21~25년은 8명, 26~30년이 1명, 30~35년이 1명이었다. 활동기간의 길고 짧음에 상관없이 거의 대부분의 사람들이 지속적인 이타적 행동의 의지와 소망을 가지고 있었고, 이타행동을 처음 시작한 이후부터 지금까지 꾸준히 이타행동을 하고 있는 것으로 나타났다.

　또한 대상자 60명 중 41명(68%)이 종교를 가지고 있는 것으로 나타났다. 이 41명 중에는 기독교를 가진 사람이 25명(약 61%)으로 가장 높은 비율을 차지하고 있었고, 다음으로 불교(9명), 천주교(6명), 대순진리교(1명)의 순으로 나타났다. 각 사례별 인적 사항과 활동내용은 다음과 같다.

표 1. 각 사례별 인적사항과 주요활동내용

번호	이름	성별	나이	직업	주요활동내용
1	권태이	남	47	성직자(목사)	장애인, 노인, 고아를 위한 시설운영 및 후원자 연결 등의 구제사업
2	박은타	남	46	전문직(변호사)	장애인 재활 교육 및 재활센터 운영, 생활지원
3	박국주	남	47	전문직(의사)	무료 심장 수술, 지방을 다니며 무료 진료
4	성규의	남	50	전문직(안과의사)	어려운 사람들에게 무료개안 수술, 사시수술, 무료진료, 돈·쌀 지원
5	신성자	남	48	장애인 시설 운영	장애인 봉사, 지원, 가족과 같이 생활, 비인가 장애인 시설 운영
6	박권이	남	50	식당운영(중국집)	고아원, 양로원 등에 무료급식, 불우학생 장학금 지원, 무료로 자장면 나눠줌
7	엄정타	남	58	대한노인복지협의회 ○○ 연합회 이사장	무의탁 노인, 소년 소녀 가장 생활지원, 후원자 연결
8	손제주	남	39	분식점 운영	복지관 지원 및 주위 어려운 사람들에게 무료로 빵 보급
9	이명의	남	54	건어물 장사	무의탁 노인, 소년 소녀 가장 생활지원
10	권경자	남	50	식당운영	공원에서 노인들에게 날마다 무료 급식, 독거노인지원
11	김성이	남	61	어부	독도지키기, 울릉도에서 어려운 이웃 생활지원, 민원, 송사중제 및 해결
12	박명타	여	45	사회복지사(전 수녀)	무의탁 노인 돌보기, 버려진 장애인 돌보기 및 봉사

번호	이름	성별	나이	직 업	주요활동내용
13	조성주	남	39	전문직(의사)	노인, 무료진료, 병원으로 오기 힘든 거동이 어려운 환자 경우 왕진
14	오동의	남	34	전문직(치과의사)	소득도에서 7년간 정규직 의사로 근무하면서 나환자들과 함께 생활. 무료 진료, 치아 보철 무료 치료
15	홍현이	여	30	전문직(간호사)	소득도에서 나환자 봉사, 시간외 진료, 생활 지원 및 수발
16	김종타	남	54	장애인 시설운영	'○○의 전화' 회장(장애인과 자원 봉사자 연결, 각종 재활/의료 사업 – 거 동이 불가능한 장애자 여행)
17	정혜주	여	49	꽃집 운영	소년 소녀 가장 도시락 싸주기, 독거노인 무료 급식 제공
18	서경의	여	50	농업/비인가 시설운영	'○○의 집' 운영, 독거, 몸이 불편한 노인 수발
19	배임자	남	34	상업(장돌뱅이)	결식아동들에게 빵 제공, 청소년, 소년소녀 가장 하비지원
20	이태이	남	38	전문직(한의사)	장애인 지원, 결식아동 급식 및 지원사업, 불우 노인 지원, 외국인 노동자 무료 진료, 폭력(가정) 피해 주부 상담 및 무료 진료
21	조승이	여	55	밥례단	장애인을 위한 무료 공연
22	박영타	여	47	00대사관문화공보실장	수양부모 협회 운영. 동네 아이들에게 무료 영어 강습
23	박순주	여	62	목욕탕 운영	고아 목욕 봉사, 양로원 봉사, 생활 지원
24	정연의	여	39	자영업	영아원 봉사, 지원

번호	이름	성별	나이	직업	주요활동내용
25	배두자	남	29	대학원생(사회복지전공)	소녀 소년 가장 돕기를 위한 거리 노래 공연활동과 봉사활동
26	정두이	남	62	전문직(교수)	자선음악회(고아원, 양로원, 교도소, 교회 등 방문), 개미의 집(공부방) 운영, 피아노 기증 등
27	이영태	남	48	노무직(보일러 기술자)	실직자, 고교중퇴자들에게 무료로 보일러 기술 전수, 보일러 무료 설치·보수(무의탁 노인, 장애인, 아동 보호시설 대상)
28	남정주	남	63	구두기능공	장애인들을 위한 구두제작, 시설보호 아동을 위한 구두제작, 기증
29	박경이	남	43	전문직(의사)	환자에게 신장기증, 의료봉사
30	김형자	남	41	전문직(의사)	무료진료, 돈 없는 노인에게 반값으로 개안수술
31	김종이	남	46	전문직(교수: 특수교육)	장애인 및 가족 무료 상담 및 장애인을 위한 정책 개발, 지원
32	이타	남	40	성직자(스님)	미혼모 보호, 아동 보호 지원
33	김영주	남	69	없음	○○의 집 자원봉사, 장애인 지원
34	변상이	남	59	장애인 시설 운영	시설운영, 장애인 돕보기 지원 및 생활 지원
35	오하자	남	39	전문직(경찰)	독거노인, 결식아동, 소년소녀가장 등 소외계층 생활지원, 폐품수집
36	김숙이	여	50	교사	○○의 전화 간사, 적십자○○ 부녀 봉사회 총무, 소외계층 지원, 후원자 연결

번호	이름	성별	나이	직업	주요활동내용
37	박마타	여	46	주부	입양아 양육, 노인 생활 지원, 노숙자 무료 급식
38	박귀주	여	47	식당운영	○○ 운영, 불우청소년돕기
39	박천의	남	41	성직자(목사)	외국인 노동자 상담 및 생활지원활동
40	임득자	남	54	장애인 시설 운영	몸이 불편한 장애인 돌봄, 지원사업
41	정창이	남	42	전문직(교수)	'○○○의 울타리'에서 100여 명의 노숙자, 노인, 장애인 돌봄
42	정상타	남	41	시설운영	진신마비 장애인이지만, '○○의 집'에서 장애인 돌봄
43	정병주	남	45	성직자(스님)	노인(△△사 양로원 운영)
44	정점의	남	35	직업군인	식당봉사, 놀이봉사, 목욕봉사
45	김화자	남	62	퇴직(전직 환경미화원)	장애인, 노인 생활지원 및 봉사활동
46	정미이	여	34	비인가 시설 운영	버려진 장애아동 돌봄, 생활 지원
47	임상타	남	43	전문직(한의사)	무료진료, 장학금 지급, 법인제 운영(장하회)
48	김상주	남	48	전문직(한의사)	장애인 무료 진료, 모자세대 장하금 지원, 장애자 봉사단체 자금 지원, 결식아동 급식, 무료 영화 상영, 직접 봉사, 교통편의 제공, 결혼 상담 등
49	안승의	남	53	농업(이장)	수해복구 봉사활동, 생활 지원사업

번호	이 름	성별	나이	직 업	주요활동내용
50	송윤자	여	50	주부/대학생(사회복지)	장애인, 노인 봉사, 생활 지원
51	박기이	남	62	한국 신체장애인 복지회 지부장	장애인 및 독거노인들 대상으로 야채 나누어 주기, 무료 급식, 비인가 시설에 물품 공급 등 생활지원, 달동네 공부방 운영
52	김갑태	남	42	제활○○○이사장, ○○산업대표, 자활후견기관장	장애인, 아동을 위한 각종 사업 및 생활지원
53	박지주	남	48	기능직 공무원	삼풍백화점 붕괴 시 인명구조활동, 홍수 등 재난 시 봉사활동, 노인 등 어려운 이웃 생활지원 등
54	김숭의	남	39	선교사	문서 선교(선교지 발행)으로 장애인, 교도소, 군부대, 병원 등에 복음전파)
55	김이타	남	50	환경미화원	공원 무료급식소에 가서 매일 배식 봉사
56	황호주	남	45	상업(호떡 장사)	고아원, 양로원 등에 호떡, 음료, 의류 등 생활지원
57	이종의	남	59	구두수선공	소년 소녀 가장 돕기, 양로원 돕기
58	김종자	남	40	소방 공무원	장애인 공동체 시설 방문봉사, 소년가장 지원
59	김철이	남	48	○○구단 감독	고아원, 장애인 시설 지원
60	손인주	남	45	전문직(치과의사)	의료봉사활동, 무료진료

(사례 제시된 이름은 가명임)

B. 분석 범주별 결과

대표적 이타주의자특성과 관련해서 성격요인범주 2개, 심리적 특성 범주 7개, 유지요인 2개, 관계특성범주 3개로 총 14개의 범주에 따른 전체 내용분석 결과는 다음과 같다(표 1).

표 2. 성격, 심리적 특성, 유지요인,
관계특성범주 빈도

분 류	범 주	빈도 평균 표준편차		사례수 (N = 60)
성격요인범주	지속성과 끈기	1.95	1.94	50
	자기효능감	1.27	1.34	42
심리적 (인지, 정서적) 요인범주	공감	.82	.91	39
	조망수용	1.00	1.04	40
	자기도식	1.15	.94	44
	정치적 입장	.18	.87	4
	유사성	.80	.90	30
	규범	1.93	2.64	56
	도덕적추론	1.72	.85	55
유지요인범주	내적강화	1.73	1.49	44
	종교	.98	1.23	32
관계특성범주	중요한 대상과의 모델링/동일시	1.00	.94	39
	부모와의 친밀한 유대감	.38	.61	20
	경제적 박탈경험과 양육자의 긍정적 관심	.38	.78	14

각 범주에 해당하는 사례의 수는 기술통계치로 달리 나타났는데 이것이 실제 유의미한 차이가 있는지 확인해보기 위해 χ^2-단일사례검증(one sample test)을 Window용 SAS version 8을 사용해 실시하였다. 그 결과 각 범주별 특성은 서로 유의미한 차이가 있었다. $\chi^2(13, N=840)=207.25, p<.0001.$

표 3. 범주별 사례수 χ^2단일사례검증결과

통계치	자유도	χ^2	p
χ^2	13	207.2541	$<.001$

그러나 Siegel(1956)이 지적한 대로 범주가 1 이상이 때문에 범주별 사례수를 가지고 그 특성의 순서를 논할 수는 없다.

1. 성격요인범주

본 절에서는 전체 60사례를 분석한 결과를 각 범주별로 나누어서 각각의 사례를 인용해 기술하고자 한다. 우선 성격요인범주에 해당하는 지속성과 끈기, 자기효율성에 대한 사례의 예를 구체적으로 살펴보면 다음과 같다.

가. 지속성과 끈기

성격요인 가운데 지속성과 끈기범주는 60개 사례에서 50개로 상당히 높게 나타났다. 이타적 성격은 하나의 안정된 특성으로 특정경우에만 한정되는 것이 아니라 여러 상황에서 이타적 특성이 일관되게 보여지는 것이다. Rushton(1980)이 지적했듯이 이타적 성격의 내용으로 꼽을 수 있는 것은 통합감, 높은 자아강도, 어떠한 상황에도 흔들림 없는 일관성과 독립성, 지속성, 높은 자아통제감 등이다. 그리고 끈기, 유혹에 대한 저항 등이다. 이들은 자신의 처지가 어렵고, 때로 주변 사람들의 눈총을 받기도 하지만 "나 혼자서라도 바람막이가 되어야한다"고 의지를 세우고, 주변의 몰이해나 오해로 "어렵지만, 이것을 이겨내고" 돕는다. 그리고 이런 지속성은 이제 하나의 "습관, 양치질" 같이 되어버렸다. 이를 실제 인터뷰에서 보고한 내용은 다음과 같다.

　　내가 참 봉사한다고 그러면은 …… 그래 …… 나도 조금만 인제 여유가 생기면 봉사할 수 있는데 …… 지금은 아니다 …… 그런데 그렇게 딱 되는 게 아니잖아요. 봉사는 시간이 나서 하는 게 아니라 …… 내가 하고자하는 의지죠 (50대 여성)

　　나는 내가 이런 일을 해서도 지옥에 떨어진다고 할지라도 나는 할 것 같아. 뒤에 일은, 결과는 생각하지 않아. 누구한테 칭찬 받고 좋은 소리 듣고 이건 전혀 생각하지 않아. 그분들이 좋으면 좋은 거지, 뭐. 다른 거 생각할 필요가 없어. 사람들이 좋다니까 좋은 거거든요, 자기 신념이 바르면 누가 손가락질을 하던 누가 별 욕을 하든 그렇게 나가면 된다고 생각해요 …… (40대 남성)

　　어려움은 한두 가지가 아니지요. 어 …… 무슨 …… 이 일에 대해서 비판하는 사람들이 있어요. 그 순수함을 왜곡되게 …… 그런 사람들도 있더라구요. 나는 그런 거 지나가 버립니다. '그래, 너는 그대로 가고, 나는 내 길대로 가면 되고.' 쉽게 이야기해서 여유가 있으며는 더 많이 할 거고 없으면 없는 데로 적게 할 거고. 이 일은 죽는 날까지는 한다 …… 단 많고 적고가 아니라, 내가 가고자 하는 목적이 크고 적고 간에 해야 된다는 게 의미가 있어요. (50대 남성)

뭔 일을 하면 포기하지 말아야 되요. 물론 그 길을 가기 위해서는 힘들고 난관에 부딪히고 …… 그러면서 …… 저는 그 일하면서 수없이 병원도 왔다 갔다 했어요. 그렇지만 포기하지 말아야 되요. 포기하는 것만큼 비참한 것이 없어요. 그리고 용기를 잃어버린 것은 죽음보다 더 무서운 병입니다. (30대 남성)

내가 여유가 되면 도우고 …… 안 그러면 또 적을 땐 적게 도우고 많을 땐 많이 도우고 …… 이거는 뭐 …… 20년이 길다 카지만 이거는 내가 죽을 때까지 아마 해야 될 일이기 때문에 난 그거 길었다고 생각해 본 적은 없어요. (40대 남성)

지금도 이 직업이 너무 천직 …… 하나님이 죽었다 다시 태어나라해도 이 일 할꺼에요. 봉사할 수 있는 길은 이 일밖에 없다니까요. 고아원 아이들에게, 또 넝마주이들에게, 또 양로원에게, 실직자들에게 이 길밖에 없어요. (50대 남성)

나. 자기효율성

Rushton(1980)은 이타적 성격을 가진 사람들은 도움의 영역을 점차 확대시키는 자기 효율성 등의 특성을 가지고 있는데 이를 통해 또래와 동료들로부터 명성을 얻는 다고 지적했다. 일반적으로 자기효능감이라 하면 바람직한 결과를 얻기 위한 방법으로 어떤 행동을 할 수 있다는 능력에 대한 자신감인데 이타적인 행동에 있어서도 이런 효능감을 가지게 된다는 것이다. 즉, 이타적 행동을 하는 데 있어서 자신감을 가지고 자기가 효과적으로 남을 잘 도울 수 있을 것이라는 믿음이나 확신을 갖는다는 것이다. 그래서 이타적 행동을 수행하는 데 있어서 자발적이고 자기 통제적이며, 단회적 행동에 그치는 것이 아니라 다른 이타적 행위를 연결해서 수행해 나가면서 효능감을 경험한다. 일단 시작한 일에서 멈추는 것이 아니라 도움이 필요한 사람을 "수소문"해서 돕고, 자기가 부족한 부분을 "배우고", "찾아다니며" 돕는다. 이를 어떤 경우에 "마약중독"과 같은 중독 증세에 비유해서 자발적으로 여러 가지 일을 수행해나가게 되는 과정을 묘사하기도 하였다. 40대 남성의 경우는 폐품을 팔아서 남은 수익금을 가지고 도움을 주고, 매일 점심을 굶어 그 돈을 모아서 점심을 굶는 청소년에게 지원을 하는 등 일상과 이타적 행동을 계속 연결시켜서 실천하고 여러 가지 아이디어를 창의적으로 구상하면서 도움의 영역을 확대하고 있었다. 이 자기효능감은 60개 사례에서 42개로 나타났다. 이를 실제 인터뷰에서 보고한 내용은 다음과 같다.

마약하고 그런 것들을 알아야 소년범이나 그런 교화
차원에서 굉장히 좋거든요. 모르면 말을 못하거든요. 마

약 범죄학 공부도 해야 되고 …… 복지사 공부도 해야
되고 …… 계속 준비 중이에요. (30대 남성)

정말 저는 제가 힘이 닿는 데까지는 열심히 하거든요.
힘이 닿는 데까지는 또 내가 좋은 아이디어가 있으면
절대 그것을 성사를 시켜야지 잠을 자지 안 그라면 잠
이 안 와버려. 해야지 그 다음에 내가 마음이 편하지 그
게 완수가 안 되면 마음이 안 편해. 파워는 분명히 있어
요. 그니까 사회단체에서 아까 그런 굵직굵직한 행사도
나한테 주는 것이 해내니까 주는 거에요. (50대 여성)

항상 어려운 이웃에게 제가 가지고 있는 기술을 좀 베
풀어 줄 수 없을까 해서 그 가난한 사람들 보일러 놔주고
집수리 해주고, 도배, 장판 해주고 …… 사실 좀 정부에서
는 쌀이며 …… 그 사람들을 생활보호대상자로 관리는
하고 있는데 어떠한 주거환경 개선 조건은 그렇게 갖추
고 있는 거 같지 않아서 …… 그 쪽에다 인제 초점을 맞
춰 가지고 계속 봉사활동을 하고 있지요. 가서 더 많이
배우고 오고, 또 그런 분들한테 있으면은 내가 꼭 필요한
사람 같애서 또 가고 …… 뭐 이래서 …… 어떻게 보면
마약 중독자들처럼 손을 못 놓고 그런 쪽으로 이끌려 가
는 거 같으죠 …… 봉사가 …… (40대 남성)

그때가 진짜 그 미쳤다는 말이 맞는데, 그 사람을 도
와주다가 이 한 사람만 어려운 게 아니라 이런 식으로
나라에도 보조 못 받고, 어디에도 보조 못 받는 사람이
여럿 있을 것이다. 그래서 그런 사람을 찾아다니면서 도
와줬어요. 그래서 그 사람들을 찾아, 여기 동네에도 가
보고, 저 동네에도 가보고, 서울 봉천동에도 가보고, 막
다니면서, 막 찾아서 만났을 때, 한번은 오늘 벌어서 이
집 도와주고, 내일 벌어서 저 집 도와주고, 모레는 저

집 도와주고 …… 나는 월세 살면서 …… 오늘 벌어서
이 집에 한 삼만 원 갖다 주고, 오늘 벌어서 저 집에 한
오 만원 갖다 주고, 이런 식으로 …… 그리고 며칠 벌어
서 우리 먹고살고 …… 이렇게 살았죠. 그때는 정말 마
약을 먹은 사람이 계속 먹으면 마약에 중독이 되잖아요.
그렇게 나는 도와주는데 중독이 되가지고, 어려운 걸 막
도와주기만 도와줘 가지고는 …… (40대 남성)

2. 심리적 요인범주

가. 공감

공감요인은 60개에서 39개로 나타났다. 다른 사람의 정
서적 상태를 함께 경험하는 공감은 이타주의자들의 두드
러진 특성이었다. 도와줄 사람들을 만나면 "안타깝고",
"측은하고", "마음이 짠하고", "눈물이 나고", "측은하다"
고 표현할 정도로 감정이입이 일어난다. 그리고 "그들의
아픔이 곧 내 아픔"으로 마치 감전 되듯이 타인과 동일
한 정서를 느끼는 정서적 감염이 생기고 자신의 가족 같
은 마음으로 공감한다. 이들은 도움을 받는 사람들이 경
험하는 기쁨, 행복 같은 긍정적 정서를 함께 느낌으로 해
서 이타적 행동을 더욱 즐겁게 수행하는 것으로 보인다.
그리고 Hoffman(1981)이 지적했듯이 남의 불행을 자신
의 불행으로 느껴서 그 대상이 부당하게 대접받을 경우
함께 분노하고, 의분, 의협심을 표현하기도 했다. 50대 남
성의 경우 억울한 일을 당한 사람을 대신해 법률적 문제

를 해결할 수 있는 중재역할을 나서서 하기도 했다.

　　그리고 또 아주 영아는 자기를 안아주는 건 알지만
누가 안아주는 건 모르거든요 …… 그런데 24개월이나
낯을 익히는 애들은 떨어지면 울고불고 하거든요 ……
그러면 가슴이 너무 아프지요 …… 안 떨어질려고 ……
사람이 그립잖아요 …… 같이 놀아주는 사람이 그립고
…… 그러니까 내가 잠깐이라도 가서 아기를 안아주면
…… 항상 잠깐이라도 안아주면 사랑이 전해지면 그동
안이라도 아기가 정서가 안정이 되고 엄마사랑보다는
못하겠지만 사랑을 알고 클 수 있지 않을까? 또 아기를
안아주면 아기가 눈을 맞추고 빵끗빵끗 웃으면 너무 이
쁘잖아요 …… (미소를 띄우며)(30대 여성)

　　좀 …… 측은한 생각을 많이 해요. 이렇게 불쌍한 사
람들을 보면 측은하잖아요. 모르겠어요. 그러니까 ……
그런 것들을 많이 좀 느껴요. '아, 저 사람 많이 불쌍하
다' …… (30대 남성)

　　인제 그 가보면은 사실 불쌍해요. 어떤 분은 앞이 안
보이고, 또 귀가 잘 안 들리고 …… 그러니 진짜 배라도
고프고 있으면은 …… 그전에는 내가 돈을 쪼금씩 줬는
데 …… 지금은 쌀하고 김을 이렇게 갖다드리거든. 실제
알지 …… 가서 보면 심정이 없어요. 이 사람들은 내 가
족이다. 누가 하나는 돌봐야 하는데 돌봐줄 가족이 없는
거지 …… 그렇잖아요? 안타까워요. 사실 내가 더 못 도
와주고, 그분들을 다 우리 집에 모셔다 놓고, 죽이 되나
밥이 되나 같이 끓여 먹었으면 하는 심정이 더 많고
…… (50대 남성)

거기 내가 도와주는 고아원이 있었는데 …… 아이들하고도 놀아주고 …… 근데 거기 원장이 좀 삐딱했어요 …… 지금도 그렇고 …… 그런데 아이들이 20명, 30명되는데 연탄불을 한 장을 넣어 가지고 지내게 하고 …… 그 이~만큼(방의 구석과 구석을 대각선으로 가리킴) 넓은데 그게 뭐 연탄불 한 장으로 됩니까? 그런데 …… 하루에 2장을 땐다고 생각을 해봐요. 이 넓은 방에 …… 그것도 창문은 다 깨지고 …… 그런 방에서 그렇게 해서 …… 내가 너무 너무 화도 나고 …… 그렇게 하는 사람이 어딨는가 하고 …… 그래서 가짜로 내가 중앙정보부 직원인데 …… 그래 가지고 되느냐고 …… (40대 남성)

불의를 보면 지금도 참지 못합니다. 애 …… 이게 진짜로 …… 하는 일이 진실이다고 할 적에는 관공서 같은데 가서도 절대로 굽히지 않습니다. 다른 사람들은 관공서 눈치보고 등등 그러지만은 저는 절대 그렇지 않습니다. 그 전에 생활보호대상자로 선정되 가지고, 모든 집이 있지만은 노동능력이 상실됐고, 자식들이 없고, 부모 없이 자라 가는 소년·소녀 가장 등등, 무의탁 노인들 이런 분들이 많은 혜택을 받았는데 …… 이번에 국가기초생활 보호법이 생겨 가지고 그 전에 생활보호 대상자 했던 분들이 집이 있다는 이유하나만으로, 재산 있다는 이유로 딱 끊겼어요. 그럼 집이 있으면 집에서 밥이 나옵니까. 그 오두막집 같은 데서 …… 저는 이런 거에 대해서 해결이 날 때까지 싸웁니다. 그러니까 관공서에서도 다들 인정해 줘서 해줘요. 그런 보람 속에서 살아가는 거지요. (50대 남성)

어 …… 다른 거 …… 전부 다 내 승질이지. 남을 이래 해롭게 하거나 그람 나는 눈깔이로 못 참는데 어이하노. 그 사람들 도와주는 사람들 내가 참 칭찬을 하

는데 …… 다른 사람들을 해롭게 하거나 깔보거나 그러
면 나는 용서를 안 한다(60대 남성).

　그리고 공감정서를 다시 두 가지로 볼 때 개인적 고통
정서를 느끼는 경우도 있었는데 이는 고통 받는 사람들
에 대한 자신의 염려, 근심 때문에 이를 덜기 위해서 도
움행동을 하는 경우, 또 어려운 가정환경에서 집안의 조
력자 역할을 해온 경우들도 볼 수 있었다.

　　어릴 때는 할머니하고 …… 우리 어머니가 밥해서 주
　고 그런 거는 드물었어요. 할머니 손에서 크다가, 우리
　외할머니가 또 혼자 사셔 가지고 …… 그때는 내가 이
　것저것 안 가리고 무슨 일이든지 하고 …… 좀 모나지
　않고, 착하게 사니까 나만 보낸 거예요. 외할머니한테
　시중하라고 …… 외할머니가 굉장히 아파 가지고, 다른
　돌봐줄 사람이 또 없잖아요. 그래서 제가 가서 한 5년
　살았죠. 5년 살다가 집에 와서 한두 달 살다가 또 외갓
　집 가고 …… 바로 옆동네니까. (30대 남성)

　　부모님한테는 제가 나쁜 소리 안 해 본 것 같애요. 부
　모님한테는 정말 잘해주고 싶은 맘이 항상 많아서 ……
　불쌍하다 …… 그런 마음이 들고 …… 부모님한테는 제
　가 짜증내고 그런 적이 별로 없었던 것 같애요. 어렸지
　만 부모님이 나이가 많아 갖고 농사일도 제가 참 많이
　했어요. 엄마가 나 없으면 농사 못 짓겠다고 할 정도로
　…… 막내라서 언니들은 다 출가하고 저만 남았고, 오빠
　는 일을 안 하고 …… 오빠는 일을 하기 싫어했어요. 혼
　자라 …… 그렇게 커 가지고 …… 그래서 제가 다하고
　그랬거든요. (30대 여성)

우리 밑에 동생들 …… 걔들 먹여 살려야 되잖아. 열
및 살 묵어 나무 지게 지고 나무했어. 나무해가 …… 식
구들 먹여 살리고 …… 그 뒤에는 내가 중국집에 들어
갔어. 우리 아버지 어머이 다 델꼬, 그래 내가 일년 봉
급을 거 …… 중국 사람한테 '일년 봉급 좀 먼저 주가
…… 우리 아버지·엄마 믹여 살려야 된다'했더니 그래
주더라구. (60대 남성)

나. 조망수용능력

이 요인은 60개에서 40개로 나타났다. 이타주의자들은
다른 사람이 어떻게 생각하고 느끼는지에 대해 알고 그
사람의 입장에서 그 사람을 대신해서 어려운 상황에 개
입하려는 특성이 크게 나타났다. "역지사지"의 마음이고,
"주변의 입장을 먼저 생각"하는 마음이었다. 그 사람의
입장에서 생각해보면 "자꾸 필요한 것이 보이"고 그래서
내가 더 "할일이 생긴다"는 것이다.

그래 한번 이렇게 그런 것들을 개인적으로 좌절을 맛
봤다할까요 그런 경험을 통해서, 그 아이참 …… 내가
이런데 이 정도 장애인으로서 이 정도의 사회적 지위를
가져도 이렇게 힘든데 그야말로 제대로 교육의 기회도
못 얻고 그런 장애인은 얼마나 힘들까 이런 생각을 상
당히 많이 해봤어요. (40대 남성)

내가 화를 내고 싶어도 내가 화를 내면 그 사람 마음
이 얼마나 아플까 …… 그러니까 안내고 내가 일단 희
생하고, 양보하고 사랑하면은 그 한순간이잖아요. 그 템

포만 늦추면 …… (30대 남성)

　그거는 누가 시킨다고 안돼. 내가 미치면 할 수 없는
데 …… 할 수 없지. 누가 뭐 좋아한다고 하면 내가 산
비탈까지 오도바이 타고 댕긴다꼬. 땀을 철철 흘리고,
배는 굶고, 나는 굶고 …… 그라면서도 거까지 갖다 주
고 싶은데 우짜노. 할 수 없는 거야. 누가 시켜서도 아
니야. 그냥 마음에 저 양반이 이래 주면은 몸에 좀 안
좋겠나 싶으믄 …… 그거 먹고 걸음 걸믄 얼마나 반갑
나. (60대 남성)

　내가 저 사람 속에 들어가서 저 사람이라면 얼마나
힘들까. 내가 저 사람처럼 진짜 목이 아프고, 손가락이
다쳤으면 …… 지금 꼬매고 있는데 아프다고 소리지를
때 뭐가 아프냐고 간호사들이 시끄럽다고 막 그렇게 얘
기할 수 있잖아요. 그런데 내가 그 사람 속에 들어가서
내가 다쳤어요. (30대 여성)

　또 실제 양육과정에서도 타인 - 지향유도(other-oriented
induction)방식이 나타나는 것을 볼 수 있었다. 즉, 부모가
자녀 양육에서 다른 사람의 입장을 이해하게 하면서 지도
해서 그들에 대한 배려나 이해를 증진시켰다.

　어머니가 좋은 일을 많이 하셨고, 또 아버님도 그렇게
많이 인정적으로 인제 …… 우리도 옛날에 곤란해서 크
게 도와주지 못해도 옛날에 빵 1, 2원짜리, 10원짜리
…… 제가 배고파서 사달라고 그러면 안 사주고 거지들
이 사달라 그러면 얼른 하나 사준단 말이야. 그러면서
남을 생각하라고 그러시고 …… 그런데서 많이 깨닫고
…… (60대 남성).

저희 부모님이 뭐, 누굴 위해서 일을 하셨다기보다는 그 성품 있잖아요. 남한테 절대 피해를 입히지 말고, 남이 싫어하는 것 하지 말고, 남에게 일절 손해를 입히지 말고 …… 그렇게 말씀하셨어요. 그렇다고, 내가 니꺼, 내꺼 따지는 건 아니고, 일단 남한테 피해를 입히지 말고, 조금이라도 남한테 도움을 줄 수 있는 거 …… 있죠 …… 물질을 떠나서 마음적으로 …… 그런 것들이 많이 기억이 나요 …… (40대 여성)

아버님은 저희들에게 이 다음에 사회에 나가면 자신에게는 냉대하고, 남에게는 관대해야한다는 말씀을 직접 실천해 보이셨습니다. 자신의 생활에 대해서는 절제할 수 있는 한도까지 절제하고 남에게는 베풀 수 있는 데까지 베풀라는 말씀이었습니다. 어릴 때 많은 사람들이 저의 집에 드나들었고 손님들이 끊이질 않았습니다. 어머님께서는 한 사람 한 사람 만날 때마다 그들이 말하는 것을 들으시고 기록해두시고 이다음에 만날 때 꼭 그 안부를 물으시는 것을 보았습니다. 동네 반장은 아니지만 동네사람들의 살림을 잘 알고 계셨습니다. 지난 1월 아버님 돌아가셨을 때 30년 전 아버님의 도움을 받은 분인데 지금은 어느 대기업의 중견 간부로 잘살고 있다는 분이 와서 저의 형제들보다도 더 슬퍼하시는 모습을 보았습니다. (40대 여성)

다. 자기도식

이 요인은 60개에서 44개로 상당히 높게 나타났다. 이타주의자들은 그들의 행동을 자신의 이타적 성향에 귀인하고 자기 개념, 자기도식으로 생각하는 경향이 많았다. 이에 따라 이런 도식에 어긋나는 경우 자신의 정체성에 부합되지 않는다고 생각하고 삶의 본질에서 멀어지는 것이라고 여기는 경향이 컸다. 어릴 때부터 "그렇게 생겨먹었고", "오지랍이 넓고", "어려운 사람을 보면 그냥 못 지나치는 성향", "형편에 맞지 않게 남을 생각하는 속없는 놈", "본래 타고난 내모습"이라는 말로 표현되었다.

어릴 때의 경험이라기보다도 나는 타고났다고 생각해요. 기본적으로 …… 음악을 잘하는 사람을 음악을 아예 타고나고, 또 그림을 잘 그리는 사람은 그림을 기본적으로 타고나잖아요. 나는 아주 어릴 때, 국민학교 때, 내가 무슨 생각이 있을 때부터 남을 위해 무엇을 하고 싶었어요. 그게 뭐 이런데 구제하는 일이 아니었고, 그 일이 특정적인 게 아니구 …… 어떤 사람은 나는 장애인을 위해 살겠다, 노인을 위해 살겠다구 하지 않습니까? 그러나 나는 그게 아니고, 남을 위해 뭔가를 하고 싶다는 마음이 강했어요. (40대 남성)

내가 지금 일이 많지만 빨리 빨리 하고, 그걸 다 해주고 가야 맘이 편하지 '바빠서 못 해줘요'하고 가면 그 날 밤에 맘이 불편해서 잠을 못 자요. 원래 좀 그런 성격이고 …… 친구가 부탁해도 다 들어주고 …… (30대 여성)

어려운 사람을 보면 뭐 …… "좀 안됐다 …… 그래서 뭐 해줄 거 없을까?" 이런 생각이 들더라구요. 어렸을 때부터 그런 생각이 들었어요. 내가 본래 좀 다른 사람에게 관심이 많고 오지랍이 넓어요. (30대 남성)

라. 정치적 입장

자기의 이익보다 타인의 복지에 대한 관심을 보이고 이

를 증진시키기 위해 사회, 정치적 구조를 변화시키는 데
지지를 보내는 진보주의적 정치입장을 보이는 경우
(Mussen, 1982)가 이타주의자들에게 있다. 학창시절이나
격변의 시기를 거치면서 노동, 시민운동을 해온 경험이 있
는 사례들이 발굴되었다. 이는 대략 4개의 사례에서 뚜렷
이 나타나는 것을 볼 수 있었다(사례 3, 25, 38, 39번). 각
사례에서는 학창 시절부터 현재까지의 발달 과정에서 사
회적 상황이나 제도의 모순 등에 대해 비판적 시각을 지
니고 있고, 그것을 바꾸기 위해 자신의 범위 내에서 노력
하고 있다는 것을 알 수 있다. 이들의 특징이라고 할 수
있는 점은 자신이 느끼는 문제점을 단지 비판만 하는 것
이 아니라 스스로 현재 돌아가는 흐름에 동참하지 않고
자신의 비판 의식을 행동으로 옮긴다는 점이다. 따라서 본
인이 확고하게 갖고 있는 가치관(주관 혹은 관점)에 맞지
않는 현상이나 어긋난 행동을 하는 사람을 발견했을 때
자신의 이익과 전혀 관계되지 않아도 이에 도전한다.

　　제가 사회의식을 가지고서 인제 학교, 저기 신학대학을
다니면서 사회문제를 가졌는데, 초기에는 사회복지 문제
에 관심을 가졌어요. 사회 변혁 이런 거보다는 사회복지
문제에 관심을 가지다, 점점 깊이 들어가다 보니까, 이거
는 복지 가지고는 안 된다. 사회개혁, 사회변혁 이런 걸해
야 된다. 그래서 더 깊이 뛰어 들었어요. 그리고 인제 선
택을 해서 결국을 대학원에 들어왔는데, 대학원에 들어와
서도 맨 데모하고 돌아다니고 그러죠? 그러면서 여름방학
이 됐는데, 그 당시에는 공장에 들어가서 일하고 이런 거
는 굉장히 위험스러웠어요. 그래서 위장 취업, 뭐 이랬죠.
그 당시에 제가 공장에 가서 일을 했어요. 공장에서 일을

하면서 노동자들을, 노동자들과 함께 하는 삶을 살아야
되겠다. 인제 그런 생각을 했고 …… 그 당시에는 노동자
교회라고 했어요. 그러면 나는 앞으로 학교를 다 마치면
노동자 교회를 하겠다. 라고 생각하고서 학교를 다 무사
히 졸업을 했고, 뭐 수업을 거의 다 못 들었죠. 맨날 그 당
시에 시대 상황이 그러니까, 데모를 많이 하고 다니고 뭐
그런 상황이 됐으니까 …… (40대 남성)

이미 사회적으로 나 혼자 잘 먹고 잘살아서는 안 된
다. 소외계층이나 몸이 좀 힘든 사람도 더불어서 사회가
가야 되는구나. 하는 이런 인식들은 좀 사회에 눈을 뜨
면서, 아까 그런 사회 소외 계층, 마이너 집단에 대한
그런 책들 …… 조세희가 쓴 '난쟁이가 쏘아 올린 작은
공' 이런 것들이 그때 유행이었어요. 그런 인식들이 책
들과 여러 가지 …… 이런 세상도 있구나 하는 인식이
떠진 거죠. (40대 남성)

농촌에서 섬유공장을 다녔는데, 너무 그냥 천대받으면
서 그런 생활을 했을 때 …… 정말 남의 일에 많이 끼
여들어서 싸웠던 기억. 그니까 노동에 대한 그런 어떤
힘든 그런 것도 그런 거지만, 인간적인 대우를 안 해줬
을 때 엄청 남 일로 싸움을 하고 …… 내가 어떤 그런
거 때문에 불이익을 당하는 일이 참 많았었던 거 같아
요. (40대 여성)

자본주의에 퇴보한 힘없고 가난하고 병들고 외로운
삶을 살아가는 사람들한테 내 이름 석자가 그들한테 힘
과 용기가 되는 사람이었으면 좋겠다 …… 자본주의에
퇴보한 많은 사람들이 있는 한, 제가 죽기 전에 정말 이
사회의 역사와 민족을 위해서 제가 할 일이 그런 일 같
아요. (20대 남성)

마. 유사성

이 요인은 60개에서 30개로 나타났다. 이타주의자들은 자신의 어려운 경험과 유사한 경험을 한 대상자를 돕는 경우가 많았다. 그들은 그 대상자들에게 일체감을 경험하고 또 어려서 그런 사람을 돕겠다는 생각을 가진 경우도 많았다. 즉 유사한 삶의 경험이 이타적 행동을 촉발하는 경우들이 많았다. 유사한 경험을 한 사람에 대해 더 많은 공감을 하거나, 그런 사람을 나중에 나도 돕겠다고 생각, 실제 돕는 대상자들 중에 지각된 일체감을 느끼거나 유사성을 가진 대상이 많았다. 그런 일체감은 "내 가족처럼", "내가 먹여살려야할 식솔", "내 몸처럼" 생각되고 "음식을 넘기시는 것만 봐도 흐뭇하다"고 표현된다. 실제 활동에 있어서 장애자인 경우 장애인 복지시설을 운영한다던가, 어린 시절 어려움을 겪은 경우 청소년을 지원한다던가 하는 경우였다.

많은 사람들의 이타적 행동이 보통 경험의 한계 내에서 촉발되는 것 같다. 즉, 삶의 경험과 관련되어 이타행동이 나오는 것으로 보인다. 이전에는 장애인들의 삶에 전혀 관심이 없었지만 자신이 사고로 장애인이 되고 나서 장애인 복지에 관심을 갖게 되는 경우를 발견할 수 있다. 그리고 본인이 어렸을 때 가난이나 질병 등으로 인한 어려움을 겪어 본 경우에 다른 상황보다 자신과 유사한 입장에 처한 사람들의 마음을 더 헤아릴 수 있기 때문에 그 대상들에 초점이 맞추어진 이타적 행동이 촉발되는 것으로 보인다. 실제 사례의 예를 살펴보면 다음과 같다.

　사고 안 났으면 …… 자기의 가족과 자신을 위해서 부
를 축적하고, 또 자기개발을 했을 거예요. 그러니까 저의
두 번째 인생을 살다 보니까 제가 살아온 것에 대해서 반
성을 하게 되잖아요. 저는 분명히 별 탈 없이 살아왔다고
생각을 하는데 그 과정에는 또 알게 모르게 젊어서부터
한 잘못들이 있으니까. 인자 큰 피해를 준거는 아니고, 챙
겨줘야 할 사람들을 못 챙겨줬다 …… 제가 교사 생활을
했기 때문에 아 …… 우리 반에 장애아가 하나 있었거든
요. 하나 있었는데 '따뜻하게 좀 더 잘 해줄걸'이라는 생
각이 들어요. 물론 그때 배려는 했었지만 지금 같은 마음
이라면 좀 더 달랐을 거예요. (50대 남성)

　정말 사는 게 너무 힘들어서 이 다음에 내가 성장하
면은 나 같은 처지에 있는 그런 아이들이나 사람들을
도우면서 살아야겠다는 생각을 …… 어렵게 자라서 그
래. (40대 여성)

　그러니까 뭐라고 설명해야 하나 …… 뭐라고 해야 할
까. 제가 겪었던 어린 시절이 떠오르고 …… 그래서 나
와 같은 과거 …… 지난날의 패턴을 겪지 말아야 하는
데 …… 그런 심리 …… 그런 마음이죠. 저 애들만큼은
그렇게 안 되어야 하는데 …… 그래서 더욱 돕고 싶죠.
(30대 남성)

　눈이 멀고 나서는 …… 처음에는 아까 말한 데로 '아!
이게 인생의 끝이구나. 더 어디 갈 데가 없겠구나 ……
' 인생의 종착역 같이 느껴졌는데, 그래서 그때부터 인
제 포기 된 삶을 살다가 …… 같은 처지에 있는 우리
맹인들을 보면서 '이분들과 같이 어울려야 쓰것구나'
…… 그저 '더 어려운 식구들하고 같이 어울리고 노는
것이 좋겠구나. 살 수 있는 길을 찾아야 쓰것구나' 해서

여러 가지 봉사활동하고 이렇게 도우는 일을 하다 보니까 어느새 나도 살더라니까. 그렇게 해서 인제 봉사활동을 했지. (40대 남성)

나도 물론 장애를 갖고 있지만 …… 그때는 장애 개념들이 많이 사회적으로 낙후되어있었잖아요. 그죠? 그래서 우리 같은 사람들이랑 같이 살고 싶은 마음들이 꿀떡 같았어요. 나도 장애고, 같이 사는 사람도 장애고, 그러니 같이 위로도 되고 …… 뭔가 해야 되겠다 싶은 마음으로 후원회를 아예 안 뒀어요. (40대 남성)

또 제 처지가 그렇게 비참하게 돌멩이에다 채이다시피 이리 튕기고, 저리 튕기고 그렇게 살아왔기 때문에 그런 처지의 아이들이 많은 것을 압니다. 여기 가서 도둑질하다가, 도둑질도 뭐 딴 도둑질도 아니에요. 먹을 거 도둑질이지 …… 우선 배가 고프니까. 그런 거 하는 거 보고 나서 내가 어린 마음이지만 이런 아이들이 많다는 것을 알았습니다. 꿈이 있다고 하면은 내가 언제라도 정말 밥이라도 먹게 되는 날, 군대 가는 걸 떠나서요. 애네들하고, 정말 내가 그리워하던 어머니 같은 분들 …… 불쌍하게 자식 없이 혼자 살아가시는 분들을 돕겠다는 생각이 어려서부터 쪼금 싹이 텄습니다. 그러니까 그게 한이 된 거죠. 내가 없지만은 진정으로 저런 사람한테 도움이 되어 갖고, 내가 어느 정도 여건이 되면은 해보겠다고 하는 거는 어려서부터 갖고 있던 거에요. (50대 남성)

바. 규범(사회적 책임감)

이타주의자들의 행동을 유지하는 요소들 가운데 자신

의 행동이 다른 사람의 복지를 위해 중요하고 개인적으로 책임감을 가져야한다는 사회적 책임감에 대한 규범이 높았다. 전체 60개 사례에서 56개로 나타났다. 이는 "가진 자로서 마땅히 해야 할 일", "실천해 옮겨야 마땅"하고 "마땅히 자신이 해야 할 일"이나 "도리"라는 말로 표현되기도 했다. 이를 실제 인터뷰에서 보고한 내용은 다음과 같다.

우리가 도와줄 때는 …… 그거는 당연지사죠. 그거는 도와주는 거는 의무라고 생각을 합니다. 그거는 뭐 내가 넘쳐나서 도움이 아니고, 그거는 당연한 거죠. 누구나 해야 될 일이죠. 그러니까 사회에서도 그렇게 생각해야 되요. 자기가 잘 살면은 당연적으로, 의무적으로 도와줘야죠. (30대 남성)

내가 또 동네 이장을 봤으니까 그렇게 했지만 …… "아 이거 이렇게 하면 우리 도리가 아니지 않냐? 이거 합시다!" …… "우리도 도움을 많이 받고 했는데, 이거 한번 해야 되지 않겠느냐" …… "우리 그냥 있어서는 안 되겠다. 이건 그냥 지나가면 주위 사람들한테 …… 외지 사람들 …… 욕을 먹으니까 이거 해야겠다 ……" 내가 그러니까 "아, 이장님 그럼 한번 가보자"고 그래서 세 사람이 갔지 (50대 남성)

쓰레기도 많이 냄기면 안 되는구나, 환경도 보존을 해야 되는구나, 또 음식 먹고 반찬을 그만큼 냄기면 쓸데없는 사람이 더 고생을 해야 하고, 내가 남긴 만큼 다른 사람이 못 먹는구나, 어 …… 그리고 실재로 환자들이 수술시기를 놓쳐서 수술을 못 받고 억울하게 죽어가는

사람이 있으니까 내가 기회가 되면 아 이렇게 도와줘야
되겠구나 하는 그런 책임감이 …… (40대 남성)

하루에 책을 읽지 않으면 가시가 돋친다는 말처럼 제
가 생각할 때는 봉사라고 생각하기보다 내가 누군가를
위해서 마땅히 해야 하는 일인데 …… 안한다면, 죄를
짓는 것 같은 생각이 들어요. (40대 여성)

지하철에서 장애자가 지나간다거나 그러면 그냥 못
지나가겠어요. 그 휠체어를 밀어준다거나 같이 …… 좀
늦더라도 …… 그래서 절대로 그냥 못 지나가요. 금전이
면 금전, 돈이 없으면 그냥 휠체어라도 밀어주는 ……
마땅히 하고 지나가야 되요. 근데 그런 분들을 보면 절
대로, 그냥 용납이 안돼요. (40대 남성)

사. 도덕적 추론

이타주의자들이 지속적 행동을 보이는 과정에서 자신의
이타적 행동을 판단, 추론하는 단계는 Eisenberg(1986)에
따르면 4단계 이상이 많았다. 즉 그들은 대인관계에서의
승인이나 자기중심적 욕구 만족보다는 자기 반성적이고 내
면화된 가치, 책임감, 사회적 계약의무, 권리평등에 대한 신
념 등에 토대를 두는 것으로 보인다. 이것은 어떤 의식적인
추론이 없이 "내 일부분이 되어버리고", "내 안에 이식"된
강하게 내면화된 형태(Eisenberg, 1986)로 나타난다.

신앙인이 가지고 있는 사명 …… 사람에게는 각자 주
어진 길이 있는데, 이건 나에게만 주어진 …… 내 길이

라는 그 사명감이 있어요. 내가 이거를 거부하지 못해 어쩔 수 없이 운명으로 받아들이는 거랑은 또 달라요. 운명적인 것이 아니라 …… 내게 주어진 것을 그냥 …… 그니까 …… 어떤 …… 어떤 것이 내 안에 이식이 된 상태 …… 그게 내 것이 되어버린 …… (30대 여성)

내가 자꾸 그런데 가니까는 …… 아, 나의 가치도 참 중요하지마는 저런 사람들이 더 중요하고 또 내가 건강 하게 이렇게 존재한다는 거에 대한 감사가 너무 넘치는 거지, 너무 넘치는 거지. 그런데 내가 어떻게 함부로 살 겠어. 그래서 내가 자꾸 …… 맹모삼천지교라고 좋은 쪽 으로 가서 좋은 쪽으로 하며는 …… 그런데서 더 값진 보석이 찾아지는 거야. 그런데서 나를 알게 되고 어떻게 보면 다 이렇게 보면 합이야. 다 하나가 되는 거야. 이 것도 거기에 어우러진 거고 …… 저것도 어우러진 거고 …… '아, 이거는 나의 삶이고, 이거는 봉사활동이고, 이 거는 뭐고 …… ' 이런 게 아니고, 그런 게 어우러져 가 지고 하나 …… 가 되는 거지. (40대 남성)

그거는 이 자체가 내 생활의 일부니까! 내가 평생 살 아가면서 이런 …… 나는 이른 생을 살아가야 된다고 생각을 하고 있고 또 그런 방향으로 또 가고 있으니까 …… 내가 당장 뭐 돈을 뭐 몇 천만 원을 딱 주고 끝내 고 그런 게 아니고, 이게 내 생활의 일부다 말이지! (40 대 남성)

내가 해야 할 일을 하는 건데 느끼고 말구 뭐가 있겠 소. 너무 간단하나 …… 아 …… 내가 해야 할 일인데 뭐 …… (30대 남성)

3. 유지요인범주

가. 내적 강화

지속적이고 장기간에 걸친 이타적 행동은 외적 강화보다는 내적 강화 더 나아가서 행위자의 자존감을 유지시키는데 기여하고 강력한 자기만족을 주는 것으로 나타났다. 또 이는 자기실현이라는 커다란 내적 강화를 주는 것으로 보인다. "남을 도우면 착해진다", "삶의 기쁨이 되고 행복이 되는 요소다", "오히려 내가 위로를 받고 삶의 활기를 얻는다", "나만 알던 나를 변화시킨다"고 표현한다. 이는 60개에서 44개로 높게 나타났다.

저는 제가 해줌으로써 남이 기뻐하면 저는 더 기뻐요. 그래서 사랑은 하는 것보다 줄 때 더 기쁘다는 말처럼 …… (30대 여성)

내 조그만 일이라도 도움이 되나보다. 그런 느낌이죠. '내가 너를 도와준다.' 이게 아니라 …… 그 안에서 기쁨이 엄청 있었어요. 눈으로 확인하고 귀로 듣고 느껴지니까. (30대 여성)

누군가가 나를 …… (눈물 맺히고 목소리 떨림) 의지하고 …… 나는 항상 …… (눈물흘림. 목소리 막혀서 잠깐 멈춤, 10초) 부족한데 …… 야 …… 이래도 이 세상에 태어나서 누군가에 의해서 정말 내가 그 사람의 그늘이 되어주고, 벗이 되어주고, 채워줄 수 없는 공간을 채울 수 있는 그런 사람이라면 …… 내가 정말 사는 보

람이 있구나 ……(30대 남성)

　내가 환자를 잘 보살폈을 때 내 마음을 즐겁게 해주는
그 힘이 내가 주는 만큼 돌아오거든요. 환자들로부터
…… 가면은 내가 수술해준 환자들이 건강하게 직업을
가지고 현장에서 살아가는 것을 내가 목격을 했을 때 그
이상의 보람이 없지요. 고마워서 과일도 싸오고, 쌀도 가
져오고 그래가지고 차에다 실어주면서 '아, 선생님 덕분
에 살았습니다' 이런 말을 들을 때 굉장히 좋죠. 그러니까
병원에서 가만히 앉아 가지고, 환자들 지방에서 온 거 보
는 거랑 직접 찾아가서 보는 거랑은 확실히 다른 것 같아
요. 그런 보상감이 있고 정신적으로 …… (40대 남성)

　"나보다 더 불편한 사람이 이런 일을 하고 …… 참말
로 마음 감동 받고 그랬다 ……"는 소식을 접하게 되면
'아, 이게 내가 할 일이구나 …… ' 하고 …… '나를 통해
서도 그분들이 …… 나 같은 부족한 사람을 통해서도
위안 받는 사람이 있구나 …… ' 나도 그분들을 통해서
위안을 받거든. (30대 남성)

　이러한 과정이 계속되면서 이타성이 성격으로 강하게
통합되면 어떠한 돕고자 하는 의도나 생각 없이도 자연
스럽게 이타적 행동이 나오게 되는 것 같다. 면접 시 어
떠한 생각으로 돕느냐는 질문에 '그냥 돕는다', '돕는데
무슨 생각이 있겠느냐', '나는 봉사라고 생각하지 않는다'
라는 응답이 많았다.

　어떤 생각 없어요. 그냥 내가 살아가는 길이라고 생각
하니까 …… 내 어릴 때부터 그런 생각을 가져 왔고, 이게
뭐 이기 내 만족이고, 내가 살아가는 하나의 생활의 일부

114

라고 생각을 하니까 하는 거지 뭐 …… 그거 내가 생색을
낸다든지 뭐 그런 거는 없어 …… 내가 그런 삶을 사려고
내 인생에 지표를 세웠기 때문에 …… (40대 남성)

또한 좀 더 고차적이고 치료적인 의미의 강화로서 자
기 치유적인 의미도 가진다. 즉 이타적 행위를 통해 자기
실현으로 나갈 수 있다는 것이다. 대표적으로 Victor
Frankl(1969)은 우리 자신을 뛰어넘을 때 우리가 우리
밖에 있는 어떤 대상에 몰입함으로써 자신을 잊게 될 때
자기 침잠에서 벗어나 자기실현으로 나아갈 수 있다는
것이다. 이 역시 사례에 제시된다.

　　저는 남을 돕는다고 생각 안 해요. 그거는 도와주는
　거 아니에요. 나를 위해서 하는 거지. 마지막 시너지 효
　과가 어디로 가는 가요? 나한테로 오잖아요. 그렇잖아
　요? 그래 나는 남을 돕는다고 생각 안 해요. 저 사람으
　로 인해서 내 즐거움을 만들어 낸다고 생각을 하지. (50
　대 여성)

　　내가 인제 그 79년도에 초봄에 소록도에 가게 되었어
　요. 수녀원에서 수녀님이랑 2주 동안 살면서 수녀님하고
　나환자들 사는 병원하고, 마을하고 …… 나를 다 데리고
　다녔어요. 신앙적으로도 많이 이기고, 내가 내 자신을 많
　이 찾은 거죠. 아 …… 나는 행복한 사람이라는 것을 알
　게 된 거죠. 이태까지는 내가 세상에서 제일 불행하고, 어
　려운 사람으로 …… 내가 고아인데다가, 장애를 갖고 있
　지 …… 생각했는데 …… (전화 옴 - 1분 정도 통화) 그때
　나를 많이 찾았죠. 그 사람들을 보고 …… 나병이 다 썩
　어 들어가잖아요. 손도 썩고 …… 이렇게 다 썩어 들어가

는데 …… 그러면서도 어떻게 희망을 갖고 사는 걸 봤을
때 나는 너무 내 마음을 이렇게 하는구나 싶구나 해서 2
주 동안 나를 많이 찾았어요.(40대 남성)

한 2. 3일 팔아서 불우이웃 돕기를 할라치면 우리 식
구는 무엇을 먹고살며 내가 불우이웃인데 내가 누구를
돕냐 …… 이런 생각을 하면 고민을 많이 하죠 …… 근
데 6. 7. 8월에 호떡장사가 잘 안돼요 …… 지금은 맛있
는 호떡은 계절도 안 탄다 …… 그러는데 그때 얼마나
지로용지를 쥐고 망설여지는지 …… (눈을 지긋이 감으
며 웃음) 근데 은행 문 앞을 가서 문을 여는 순간 창구
아가씨를 쳐다보면 해야겠다는 생각이 들어요 …… 그
문 앞에 가기가 힘들어서 그렇지 문까지 들어가면 해야
겠다는 생각이 든다니까요 …… 그래서 지로용지에 돈
을 입금을 시키고 나올 때는 은행에 있는 테이블을 한
번 차고 나오고 싶어요 …… 가슴이 꽉차요 …… 문을
부수고 싶을 정도로 …… (격앙된 큰 목소리로) 내가
큰일을 했다 …… 남들 못하는 일들을 나는 하잖냐
…… 비록 호떡장사지만 …… (웃음)(40대 남성)

나. 종교

대표적 이타주의자들은 실제 이타행동을 자신의 종교와
연결지어 그 의미를 보고하는 경우가 많았다. 이는 지속적
이타행동을 이끄는 하나의 변인이라는 보고(Amato, 1990)
와도 일치하는데 종교적 가르침을 실생활에서 적극적으로
실천하고자 하는 데서 비롯된다하겠다. 기독교에서는 ‘소
명, 사명감’이라는 단어로 불교는 ‘업’으로 표현되는 정도의
차이를 보일 뿐 종교적 체험과 결부시키는 보고가 많았다.

이는 60개 사례에서 절반인 32개 사례에서 나타났다.

> 무엇이 이 일을 계속 할 수 있게 하나면, 신앙이 있기 때문이겠죠. (50대 여성)

> 아침 5시30분-6:00까지 아침 기도 하면서 하루를 시작하고 밤에는 잠자는 시간이 거의 정해지지 않지만 밤에는 항상 저녁 기도 겸 취침기도를 하면서 혹시 나의 말과 행동으로 인해 남에게 피해를 주지 않았는지, 나의 행동은 어떠했는지 생각해봅니다. 제가 이렇게 생활 할 수 있는 것은 신앙의 힘이 라고 생각 듭니다. (40대 여성)

> 저는 뭐랄까, 종교적인 힘? 그런 거라고 봐요. 저는. 굳이 얘길 한다면 종교적인 힘이다, 라고 얘길 하겠죠. 다른 표현도 할 수 있겠지만, 그런 부분 …… 그런 것들이 자신을 이런 것들을 유지 가능케 하는 …… 막연하기도 하지만, 그런 것들에 대한 …… 종교적인 마음들 …… 이런 것들을 근본으로 해서 이 일을 계속하게 하는 거고 …… (40대 남성)

4. 관계특성범주

가. 중요한 대상과의 모델링 · 동일시

이 요인은 60개에서 39개로 나타났다. 부모가 어려서부터 타인에 대한 관심을 가지고 다른 사람의 곤란이나 필요에 대해 반응을 하는 경우 이를 더 발달시킬 수 있다.

이런 특성과 태도는 아동에게 여러 가지 방식으로 내재화
되고 동일시되게 된다(Yarrow, Scott, & Waxler, 1973).
이타주의자들은 부모나 자신의 삶에 있어서 의미 있는 타
자로부터 다른 사람에 대한 배려, 관심의 특성을 모방하
거나 동일시하는 것으로 보인다.

아무래도 피가 물보다 진하다는 말이 있는 것처럼, 어
떤 가족이 심어준다는 것이 중요하잖아요 …… 어릴 때
부터 본을 본다 그럴까요 …… 불쌍한 사람을 동전을
하나 주더라도, 그런 것을 눈여겨보면은 귀감이 되니까
…… 하여튼, 착하게 사셨죠 …… 부모님이 선행하시면
서 …… 많이 돕고 …… 뭐 그렇다고 금전적으로 돕고
…… 그런 건 아니시더라도, 뭐 김치를 한 포기 주더라
도 …… 구체적으로 드러내서 그렇게 많이 하지는 않구
요 …… 그냥 생활 가운데 …… 조금씩 조금씩 ……
(50대 여성)

시골에서 거지가 많이 있잖아요. 그면 거지들이 끼니
때 오며는 절대 그냥 안 보내요. 꼭~ 식은 밥이라도 그
냥 주는 것이 아니라 꼭 상에다 채려서 …… 상에다 채
려서 마루에 앉아서 먹도록 꼭 해줘요. 인간적인 대우를
해줬다는 거에요, 그것이 …… 지금 생각하니까 ……
"엄마, 저 사람은 문둥인데, 수저 더러운데 어떻게 할라
그러냐 ……"고 하면 "야, 물로 씻는데 뭐가 어디가 묻
어 있냐? ……" …… 그런 것에 나는 상당히 영향을 많
이 받았어 내가 …… (50대 여성)

아버지가 항상 그 불의를 보면 못 참는 그런 성격이
었어요. 굉장히 성격이 고지식하면서도 올바른 길을 가

려고 했던 것에서 영향을 많이 받았다 …… 사회에 좋
지 않은 일이 있다 그러면 굉장히 화를 내고 이런 나쁜
사람들이 있나 막 …… 그런 거에 쇠뇌가 많이 됐지 않
았는가 생각도 들고 …… 그리고 아버님이 그 국민학교
교사로 계셨는데 같은 마을에 중학교를 돈이 없어서 학
교를 못 가는 학생을 도와줘 가지고 동아일보 신문에
난 적이 있어요. 제가 기억하기로는 등록금 도와준 거
딱 한 번밖에 없었는데(웃음) 그래도 그게 굉장히 아버
지도 그거를 자랑스럽게 생각해 가지고 사람들도 많이
이야기를 했고 어 …… 우리 자식들도 거기에 아버지가
참 좋은 일을 하셨구나 이런 느낌이 많이 와 닿던 것
같애요. (40대 남성)

어린 시절을 고아고, 외국 수녀들이 키웠어요. 저는
…… 미국 수녀들이 어린 시절에 키웠기 때문에 수녀들
이 먹여주고, 입혀주고 …… 왠만한 가정집 아이들보다
행복한 어린 시절을 보냈는데 …… 수녀님들은 말보다
도 행동으로 실천하시는 분들이니까 항상 희생이죠. 자
기 자신보다도 항상 따독거려주고, 용서하고, 이해하고,
또 나누고 …… 어쨌든 간에 마음을 줄려고 하는 거
…… 어떤 물질적인 마음도 중요하지만 정말 본심의 마
음으로 …… 정말 사랑의 마음으로 감싸주는 게 정말
중요하죠. 지금도 뭐 …… 자식처럼 이렇게 대하면서도
아주 훌륭하다고 …… 그 어릴 때부터 수녀님들의 영향
이 …… 그런 교육들이 마음에 많이 담아져 있는 거죠.
(40대 남성)

그 외에도 친구, 선생님, 종교적 지도자, 책 속의 인물들
도 이타적 행동을 하는 데 있어서 모델링의 대상이 된다
는 것을 알 수 있다. 재미있는 사실은 이들이 말한 인물들

중, 슈바이쳐, 홀트여사, 마더 테레사 등 사회에서 대표적
인 이타주의자로 꼽고 있는 사람들이 많다는 것이다.

고등학교 때 영어 책 교재에서 슈바이처가 한 번 나
온 적이 있었을 거에요. 우스개 소리로 …… 아 …… 치
과의사에도, 치대에도 슈바이처가 한 명 있었으면 좋겠
다 …… 그런 생각을 했어요. 면접할 때도 왜 치과 대학
들어왔냐고 했을 때 우스개 소리로 의대에는 슈바이처
가 있는데 치과의사에는 없는 것 같아 가지고 해보고
싶어서 들어왔다고 했어요. (30대 남성)

물질적으로 풍부하게 살아도 내가 만족을 느끼지 못
할 것 같더라구요 …… 뭔가가 허전해요. 이렇게 살아야
싶은 게 …… 그때 노벨 평화상 받은 마더 테라사 수녀
책자가 있었어요. 카톨릭이니까 …… 그거, 그거를 접하
면서 내 마음이 큰 영향을 받은 거죠. 아이를 안고 있으
면서 하튼 생에 고뇌에 찬, 너무 힘든 얼굴을 봤을 때
굉장히 충격적으로 받아들였어요. 평소 신자니까 수녀님
들에 대한 거부반응이 없었고 …… 그러면서 수도 생활
을 하게 되었죠. ○○ 수도원에서 생활을 하고 한국에
오기 전에는 이런 여느 수도원에서 생활을 하고 여기
있다가 2년 6개월에서 정신을 배웠고, 내가 정신적으로
가장 만족했어요. (50대 여성)

우리 어릴 때 도덕책에 슈바이처 박사가 그 …… 아
프리카에서 활동했던 그런 그 …… 내용이라든지 ……
안그라면 슈바이처 박사가 친구들하고 싸우면서 지금도
기억하는데 …… 그때 아마 슈바이처가 어릴 때 좀 집
안이 부유했던가봐 …… "니는 부자집에서 났기 때문에
니가 잘 묵고 잘 입고 하니까 니가 내한테 싸워서 이깄

다" …… 아마 이런 …… 내가 책을 봤는 것 같애 ……
그래 그 자리에서 슈바이처 박사가 충격을 받아가 '내가
저 …… 힘없고 불쌍한 사람들을 위해서 봉사하겠다' 카
는 어릴 때 슈바이처 박사도 그럼 꿈을 키웠던가봐
…… 그 책을 …… 그래 …… 아마 도덕책일 거야 ……
안그라면 전긴지 …… 거기서 내가 보고 '아! 나도 그럼
슈바이처 박사 같은 …… 내가 몸이 불편하니까 ……
내 경우는 의사가 되가 그런 일을 한번 해보겠다' ……
아마 그런 게 아마 계기가 된 거 같아요. 지금은 거 뭐
반도 못 따라 가지만 …… (40대 남성)

나. 부모와의 친밀한 유대감

이 요인은 60개에서 20개로 나타났다. 이타주의자들은
부모와 친밀한 유대감을 경험하는 것으로 나타났다. 이런
유대감은 이타주의의 기본이 되는 공감이나 동정, 타인에
대한 관심의 기초를 이룬다(Janssens & Dekovic, 1997).
이타주의자들의 경우 자신의 부모와 정서적 유대를 가지
며 끈끈한 인간관계를 보여주는 경우가 많았다.

내 선친이, 아버지가 나는 장남인데 …… 부모가 자식
사랑하지 않는 사람이 어딨겠냐만은 특히 아버지의 사
랑이 4명의 아들, 딸이 있었는데, 나는 장남인데 ……
아버지의 사랑이 나한테 굉장히 자식사랑의 반 이상을
나한테 쏟아 부었다고 생각이 들었어. (50대 남성)

우리 아버님은 어 …… 그냥 사랑을 많이 주기만 하
는 분인데 …… 소아과 의사고 …… 아주 그야말로 사
랑이 많은 어머님 사이에 태어났는데 …… 제가 사형제

중에 막내에요. 그야 말로 저는 unconditional한 사랑을
많이, 많이, 많이, 많이 받고 자랐어요. (60대 남성)

다. 경제적 박탈경험과 양육자의 긍정적 관심

이 요인은 60개에서 14개로 나타났다. 이타주의자들은
경제적인 어려움을 겪으면서도 양육자들이 자신들에게 보
여준 긍정적인 관심과 존중을 깊이 경험하고 인상적으로
기억하고 있었다. 물질적 박탈 즉 경제적으로 빈곤한 경
우가 양육자의 긍정적 관심(존중)과 결합되어 있을 때는
이와 반대인 경우보다 더 높은 수준의 이타주의로 이끄
는 것으로 나타났다(Yinon, 1979).

아버님이 하는 일이 하는 족족 다 망하고 사회경험이
없으니까 결국은 어머니가 화장품 외판원이라는 걸 했어
요. 그 일을 내가 초등학교 다닐 때부터 대학 때까지 했
어요. 그러니까 내가 하는 일이 학교 끝나고 집에 있다
저녁 한 다서 여섯 시가 되면 어머님을 마중 나가서 가방
짊어지고 집에 들어왔죠. 그러면서도 저희한테 따뜻하게
대해 주셨죠. 그런 모습들을 봤으니까 나로 하여금 타락
하지 않게 했던 큰 힘이 되었다고 봐요. (50대 남성)

제가 14살에 서울 올라와서 아는 사람 없이 방랑 생
활을 하면서 돈도 못 벌면 그날 굶었던 생각, 남의 방앗
간에서 잠자고 일어나면 그 먼지 뒤집어쓰고 아침에 배
가 고파서 논물 같은 거 먹고 했던 생각이 나요. 또, 고
아원 원생들 밥을 해주시던 아주머니께서 저를 수양아
들로 삼아서 그분이 저한테 고맙게 해줬던 생각이 나요.
그분은 제가 땅속에 들어가는 날까지도 잊혀지지 않을

꺼 에요 …… (눈을 지긋이 감고 담배를 피워 문다)
…… 그분은 부모나 다름없어요. 그분 잊혀지지 않아요.
(50대 남성)

V. 논 의

A. 요약

본 연구는 대표적 이타주의자들의 특성을 알아보는 것이 그 목적이었다. 이를 위해 MBC에서 방영된 '칭찬합시다' 프로그램의 출연자 170여 명 가운데 이타주의자 중의 이타주의자라고 할 수 있는 대표적 인물 60명을 심층면접하고, 면접한 결과를 바탕으로 이타주의자들의 심리적 특성, 발달과정, 유지변인을 밝혀내었다. 면접 과정은 전부 축어록으로 작성했고 기존 이타주의 연구의 문헌을 바탕으로 범주를 정했으며 분석의 전단계로 데이터베이스를 제작하였다. 이 과정에서 훈련된 면접자와 평정자들이 면접 및 평정과정에 참여했다. 다시 범주화 과정에 대한 타당화 작업을 문헌과 방송자료 검토, 석사과정생 2명과 심리학과 교수 1인의 검토 등을 통한 삼각화과정(triangulation)을 거쳤다. 실제 평정에 앞서는 평정자 간의 일치율을 확보하기 위해 예비 사례를 중심으로 상당한 일치도를 확보한 다음에 진행하였다.

대표적 이타주의자들의 성격특성은 무엇인가? 분석 결과 이들이 보여주는 성격적 측면은 어떠한 상황에서도 일관성 있게 이타적 행동을 계속해 나가는 지속성과 끈기였다(예, 지옥에 떨어진다고 할지라도 나는 이일을 할 것 같

124

아, 내가 죽을 때까지 아마 이 일을 해야 할 거다). 그리고 이타적 행동을 수행하는 데 있어서 자발적이고 자기 통제적이며 단회적 행동에 그치는 것이 아니라 다른 이타적 행위를 연결해서 수행해 나가는 효능감이었다(예, 계속 봉사활동을 하고 배워서 또 하고, 찾아다니면서 자꾸 중독된 거처럼 자꾸 하지). 상황이나 주변의 시각 등에 흔들림 없이 이타적 행동을 수행하며 이것이 자신의 삶에 통합되어 안정성 있는 성격특성으로 확고하게 확립되어가는 것으로 보인다. 이러한 결과는 Rushton(1980)이 주장하는 이타적 성격특성을 잘 반영한 결과로 보여진다. 그는 다른 사람에 비해 각기 다른 상황이라 하더라도 좀 더 남에게 이타적으로 베푸는 사람이 있다고 주장하고 이를 이타적 성격(altruistic personality)이라고 했다. 이런 사람들은 높은 단계의 내면화된 규범과 사회적 책임감, 도덕적 추론과 공감능력을 소유하는 것으로 보고 이타적 성격을 가지지 않는 사람에 비해 더욱 정직하고 자기 통제력을 가지는 사람으로 표현하고 있다.

대표적 이타주의자의 심리적 특성은 무엇인가? 이들은 타인에 대한 관심과 그들의 고통에 대한 높은 공감능력(예, 너무 측은하고 안타깝지 그런 사람들을 보면 ……)과 다른 사람의 입장에서 이해하고 생각하는 조망수용능력(예, 내가 그 입장이 되서 뭐가 필요한지 생각하는 거야)을 보여주었다. 타인의 고통에 대한 절절한 공감이 때로는 눈물로, 때로는 수혜대상을 무시하는 법적, 사회적 시선에 대한 분노로 드러났다(예, 불의를 보면 지금도 참지 못합니다. 진짜로 어떤 이유로 혜택을 못 받는 사람들

을 보면 ……). 이는 이전의 이타주의자 사례 연구 중 하
나인 Rosenhan(1970)의 연구에서 드러난 결과와는 다르
다. Rosenhan(1970)의 연구에서 나타난 시민운동가들의
경우는 공감도 작용했지만, 죄책감을 덜기 위해서나 개인
적 정서의 불편함을 감소하기 위한 동기가 큰 것으로 보
고하고 있다. Hoffman(1981)은 인간의 초기적 감정이입
에서는 자기의 불행감을 감소시키기 위하여 남을 돕거나
남에게 관심을 갖는 행동이 나타나지만 성숙된 감정이입
에서는 남의 불행이 곧 나의 불행으로 느껴지기 때문에
남을 돕는 행위가 나타나게 된다고 설명한다. 또 이는 타
인의 불행에 대한 공감과 함께 부당하게 대접하는 대상
에 대한 분노, 적개심이 같이 나타나기도 해서 의분, 의
협심으로 표현되기도 한다. 이런 의미에서 본 연구의 대
표적 이타주의자들이 보여주는 공감 정도는 상당히 성숙
된 정도임을 짐작할 수 있다. 그러나 좀 더 분명한 결론
을 내리기 위해서는 일반인을 대상으로 비교연구를 해보
아야 할 것이다.
  한편 심리적 특성 중 자기도식도 뚜렷한 특성이다. 이
들에게 이타적 행동과 태도는 자기자신을 규정하는 하나
의 개념(예, 내가 원래부터 형편에 맞지 않게 남을 도와
주는 사람이었어. 속없이 그랬어)으로 자리 잡는다. 이것
은 더 이상 이타적 행동이 자기자신과 분리되어서는 존
재하지 않고, 또 이타적 행동을 하지 않을 경우 이것이
자기도식과 어긋나기 때문에 통합적인 자기개념을 손상
시키는 것으로 경험하는 것이다. 또한 비단 대인관계뿐
아니라 정치적인 이념이나 입장에도 영향을 주는데 대표

적인 이타주의자들 가운데 몇몇은 진보적인 정치적 입장
들을 보여주었다. 그들 중 몇몇은 실제 노동운동과 학생
운동의 경험이 있었고, 사회구조변화와 소외계층에 대한
관심을 보였다.

한편 유사성에 있어서도 뚜렷이 그 특성을 보였다. 상대
방과 유사함을 많이 느낄수록 그 대상에 대해 공감적 관심
을 더 많이 갖게 되고 이렇게 증가된 공감적 관심에 의해
결국 타인에 대한 도움행동 또한 증가된다(Batson, 1998).
유사성과 비슷한 개념인 타인(other)과 자기(self)와의 지
각된 일체감이 도움행동을 증가시키기도 한다(Cialdini,
Schller, Houlohan, Arps, Fultz, & Eaman, 1987). 본 연구
의 결과에서도 어려움을 겪은 사람이 자기와 유사한 처지에
있는 더욱 어려운 사람을 돕는 경향을 보인다(예, 정말 사는
게 너무 힘들어서 이 다음에 내가 성장하면 나 같은 처지에
있는 그런 아이들이나 사람들을 도우면서 살아야겠다는 생각
을 …… 어렵게 자라서 그래). 이는 기존의 다른 이타주의자
들의 사례연구 즉, Rosenhan(1970), London(1970), Fellner와
Marshall(1970), Blake(1978), Oliner와 Oliner(1988) 등의 연
구와는 다르다. 특히 나찌체제하에서 유태인들을 구한 이
타주의적 인물들은 대체로 지역사회와의 관계에서 소외감
(feeling of marginality)을 가지는 것으로 나타났다
(London, 1970). 그리고 그 동기에 있어서도 나찌에 대한
증오심으로 오히려 이타적 행동을 한 사람도 있다(Oliner
& Oliner, 1988). 이러한 특수한 상황에서 한정적으로 나
타난 결과와 달리 본 연구에서 나타난 결과에서는 보편적
으로 자신과 처지가 비슷하거나 자신이 경험한 어려움에

대한 유사성의 경험이 이타적 행동을 유발하고 있는 것으로 나타나 상반된 결과를 보여준다.

또한 이들은 높은 도덕적 추론과, 내면화된 규범을 보여주는데 특히 어려운 사람을 돕는 것을 하나의 책임으로 생각하는 사회적 책임감(예, 도와주는 것은 의무라고 생각합니다. 내가 기회가 되면 도와주어야겠다는 책임감이 들어요)이 높게 나타났다. 이와 관련해서 타인의 안녕에 대한 관심을 가지고 책임을 지는 사회적 규범을 교육하고 어려서부터 채득하게 하는 이스라엘의 키부츠문화는 이타성 함양을 위한 교육에 좋은 모델이 된다(Batson, 1998). 그리고 도덕적 추론에서도 외부적인 조건이나 승인, 자기충족적 측면보다는 내면적인 규범(예, 이거는 그냥 내안에 이식된 상태, 그게 내 것이 되어버린 거에요. 그냥 운명으로 받아들이는 것이 아니라)에 따라 움직이는 것을 볼 수 있었는데 이는 종교에서와 마찬가지로 내면화된 자신의 틀과 행동규범이 중요한 역할을 한다는 것을 보여준다.

또한 대표적 이타주의자들의 이타성을 유지시키는 것은 무엇인가? 이타적 행동을 유지하는 변인으로는 내적 강화와 종교이다.

이타주의적 행동은 다른 사람들로부터의 명성뿐 아니라 그 자체가 이타주의자들의 삶을 거듭나게 하고 보다 큰 자신을 만나는 자기의 확대, 자존감 증대와 같은 내적 강화 등을 낳았다(예, 이 세상에 태어나서 누군가에 의해서 정말 내가 그 사람의 그늘이 되어주고, 벗이 되어주고, 채워줄 수 없는 공간을 채울 수 있는 그런 사람이라면 내가 정말 사는 보람이 있구

나). 이는 이타주의가 가지고 있는 치유적 힘을 보여주는 것이
기도 하다. 이러한 결과는 자신의 신장을 다른 환자에게 기증
한 사람들의 경우와 비슷하다(Fellner & Marshall, 1970). 신
장기증을 한 경험이 전 생애를 걸쳐 Maslow(1962)가 말한
절정경험(peak-experience)으로 표현되었다. 대표적 이타주
의자들은 종교를 통해서 이런 이타적 행동을 유지하고 자
기의 틀로 통합시켜나가는 경우들이 있었다(예, 어떤 생각이
없어요. 그냥 내가 살아가는 길이라고 생각하니까 …… 내
어릴 때부터 그런 생각을 가져왔고, 이게 뭐 이게 내 만족이
고 …… 내 살아가는 생활의 일부라고 생각을 하니까 ……).

그렇다면 대표적 이타주의자들이 가지는 관계적 특성
은 무엇인가? 발달과정에서는 부모나 유의미한 대상과의
끈끈한 애정관계와 모델링, 동일시 등이 드러났고, 경제
적 빈곤에서도 양육자와의 긍정적 관계형성이 있었음을
보여주었다. 경제적으로 어려운 상황임에도 불구하고 타
인을 배려하는 모습을 보여준 부모의 모습, 그리고 헌신
적이면서 자녀와 심리적인 끈끈한 유대관계를 유지해 온
부모 밑에서 자란 경우 연구대상자들이 이타적 행동의
뿌리를 부모로 보고하는 경우가 많았다(예, 아무래도 피
가 물보다 진하다는 말이 있는 거처럼, 어떤 가족이 심어
준다는 것이 중요하잖아요 …… 어릴 때부터 본을 본다
그럴까요. 불쌍한 사람을 동전을 하나 주더라도, 그런 것
을 눈여겨 보면은 귀감이 되니까 ……). 이는 경제적 어
려움이 비행이나 정서적 병리를 야기하는 충분조건이라
기보다는 그런 물리적 여건하에서도 부모와의 관계형성
이 얼마나 인간성을 달리 변화시킬 수 있는가를 보여주

는 측면이라고 하겠다. 이는 기존의 연구에서도 지지되는
바이다. 즉 유태인을 도운 기독교인들을 대상으로 한
London(1970)의 연구에서 부모 가운데 이상화하는 부모
와의 강한 유대관계를 가지면 부모의 가치를 채택하는
것으로 나타났다. 또 Rosenhan(1970)의 연구에서도 시민
운동을 자발적으로 오랫동안 수행한 사람들의 경우는 부
모의 믿음, 행동, 가치 등을 자연스럽게 배우고 사회화하
는 과정이 있다는 것이다.

B. 연구의 의의 및 한계

　본 연구는 그동안 심리학계에 전반적으로 형성된 인간 행동
의 부정적, 병리적 인식과 이해를 토대로하는 개입에 반해 새롭
게 불고 있는 긍정적 심리학 (Seligman & Csikszentmihalyi,
2000; Myers, 2000) 연구의 한 흐름으로서 인간의 긍정적
인 측면을 이해하려고 한 시도의 하나라는 점에서 의의를
찾아볼 수 있겠다. 즉 대표적인 이타주의자의 특성 이해를
통해 우리사회의 만연한 이기적 풍토에 대한 하나의 완충
제이자, 대안으로서의 가치를 탐색해보는 의미를 지니며
궁극적으로 우리사회가 지향해야할 인간관계의 모습을 실
제 사례연구를 통해 제시한다. 사례를 통해 볼 때 몸소 다
른 타인을 섬기고 도움을 베푸는 행위는 역사적 인물이나
몇몇 숭고한 인격의 소유자들의 전유물이 아니었다. 그들
은 중국집, 분식집 주인의 모습이기도 했고, 시장터를 돌아

다니며 물건을 파는 장돌뱅이의 모습이기도 했다. 그들은 이타적 가치를 몸소 실천해온 부모와 사회를 통해 배워나가고, 자신의 행동이 다른 사람을 돕는 데 필요하다는 책임감을 가지고 한 가지 방향이 아니라 자신이 할 수 있는 일들을 적극적으로 찾아가며 아낌없이 도움을 주던 사람들이었다. 그들 스스로 이는 희생이 아니라 자신이 더 많은 것을 얻었다고 토로하듯이 이는 도움을 통해 자기의 성장과 자아확대, 통합된 성격형성 등으로 더욱 건강한 인성을 획득해 가도록 하는 힘이기도 하다.

대표적 이타주의자들의 특성을 보면서 우리 사회의 이타주의적 가치를 파급시키고 다음세대의 이타적 인간상을 촉진시키기 위해서 몇 가지를 시사점을 생각해볼 수 있겠다. 우선, 이타주의자들은 어려운 경제적 상황에서 자라왔지만, 부모와의 끈끈한 유대관계를 발전시켜온 경우가 많았다. 이는 낮은 경제적 상황이 인간성을 황폐화하는 조건이 아니라 그 속에서 어떤 관계의 질을 경험하는가가 중요하다는 점을 보여준다. 어려운 환경에서도 부모와의 깊이 있고, 끈끈한 유대관계를 경험하는 것이 타인을 배려하고 도와주는 인간성을 확립하는 데 중요한 부분이라는 것이다. 또 부모가 자기 입장보다 타인의 입장을 배려하고 공감하게 하는 '타인-지향 유도'방식의 훈육이 아동을 가정에서부터 이타적인 태도를 습득하게 하는 데 중요하다는 것인데 이는 실제 상담과 부모교육에서 새겨볼만한 결과라고 생각된다.

그리고 사회적으로는 서로의 안녕과 복지에 관심을 가지고 타인의 어려운 상황을 책임지려고 하는 사회적 책

임감의 규범을 확대하고 계몽할 필요가 있다하겠다. 그동
안 사회에서 팽배한 이기주의나 경쟁적 가치에 대체해
서로의 처지와 상황을 배려하고 어려운 사람의 복지에
책임감을 가지고 일하는 것이 하나의 사회규범으로 자리
잡도록 하는 것이 필요하다.

본 연구의 한계점과 제안점은 다음과 같다. 한계점은
첫째, 연구방법론에서 찾아볼 수 있겠다. 이 연구의 경우
일반인을 대상으로 한 비교집단이 없다는 것이 한계다.
본 연구의 표본과 매칭되는 일반인을 대상으로 비교연구
를 해보는 것이 필요하다.

둘째, 이타적 행적을 한 사람들의 특성상 눈에 잘 띄지
않기 때문에 일반적인 표집절차로 어려운 점이 있고, TV
프로그램의 운영방식에서 이타적 업적이 탁월한 사람을
지목하는 눈덩이 표집이 사용되었다. 이 점이 희귀한 표
본을 쉽게 확보할 수 있다는 점에서는 장점이 되기도 했
지만, 상대적으로 사회적 활동이 많아 눈에 잘 띄는 사람
들을 표본으로 선정했을 수 있다는 점에서 표집이 다소
편향되었을 가능성이 있다.

셋째, 90분 - 120분 정도의 인터뷰이지만, 단회의 인터뷰
로 이타주의자의 특성을 밝힌다는 것에는 한계가 있다. 여
러 가지 타당화 작업을 거치기는 했으나, 인터뷰를 보완해
서 이타주의를 재는 척도(Lee, Lee, Park, & Uhleman,
2002)를 사용한 양적 접근, 직접적 관찰방법 등을 동시에
고려해 볼 만하다.

넷째, 면접의 방법을 사용하는 데 있어서 피면접자가
면접과정에 자신의 생각이나 태도를 사회적으로 바람직

한 방향으로 보고할 경향이 있을 수 있고, 면접자의 기대에 부응하여 응답하려는 경향이 있을 수 있다는 면접방법론 자체에서도 한계가 있다. 이러한 사회적 바람직성(social desirability)의 영향을 줄이기 위해 의도적 방어를 최소화할 수 있는 TAT와 같은 투사적 기법을 이용해 면접을 해볼 수 있을 것이다. 또 대표적 이타주의자 집단과 비교할 만한 비교집단에 대한 분석적 연구를 포함해 볼 수 있겠다. 예를 들어 경쟁적 문화와 가치가 강조되는 집단(경영단체 등)과의 비교연구도 가능할 것이다.

다섯째, 자료수집이 피면접자의 자기보고에 의존한다는 점에서 피면접자가 자신의 경험을 개념화하고 구술하는 능력과 함께 관련된 과거경험을 회상하는 능력여하에 따라 보고내용의 양이나 질이 영향을 받았을 것이다. 그리고 과거 경험을 면접시점에서 재구성한 내용이라는 점에서 그 경험이 일어난 당시에 가졌던 의미나 영향의 정도가 그대로 전달되는 데 한계가 있을 것이다.

여섯째, 이타주의 발달변인과 관련해서 본 연구에서는 주로 개인적, 가정적 변인에 초점을 두어 살펴보았다면 좀 더 거시적으로 사회적, 교육적 장면에서의 발달 및 유지과정을 살펴볼 수 있을 것이다. 이를 통해 실제 교육 및 상담장면에서 응용해볼 실제적인 자료들을 좀 더 얻을 수 있을 것이다.

끝으로 대표적 이타주의자들의 특성을 바탕으로 실제 교육현장이나 상담장면에서 이를 증진시킬 수 있는 상담 프로그램이나 교육과정을 연구해 볼 수 있을 것이다.

참고 문헌

김연진 (1993). 기독교 대학생의 신앙정도에 따른 이타성 연구. 고려대학교 교육대학원 학위논문.

김혜령 (1994). 사회사업학 전공대학생의 이타주의에 관한 연구. 연세대학교 대학원 석사학위논문.

박광배·엄진섭 (1996). 평가자 간 일치도를 파악하기 위한 통계절차들. 심리학회 연차대회 학술 발표 논문집.

박성희 (1994). 공감, 공감적 이해. 서울: 원미사.

신성우 (1996). 홍익인간 이념과 전통윤리. 서울: 홍익인간학회.

안신호 (1986). 이타행동. 부산대학교 사회과학논집, 제5권 2호, 233-257.

이혜주 (1996). 친사회적 행동훈련이 연령 및 성별에 따른 아동의 친사회적 도덕추론, 사회적 책임감, 친사회적 행동동기에 미치는 효과. 경북대학교 대학원 박사학위논문.

정영숙 (2000). N세대의 친사회적 도덕 발달: 관련변인의 탐색 및 증진방안의 모색. 한국심리학회지: 발달, 13(3). 21-42.

조휘일 (1998). 현대사회와 자원봉사. 서울: 홍익제.

채현탁 (1999). 중학생의 이타행동증진을 위한 집단상담 프로그램의 효과. 계명대 대학원 석사학위 논문.

Adler, A. (1963). *The practice and theory of individual*

psychology. Paterson, N. J.: Littlefield, Adams.

Allport, G. W. (1954). The historical background of modern social psychology. In G. Lindzey (Ed.), *Handbook of Social Psychology, Vol. 1. Theory and Method.* Cambridge, MA: Addison Wesley.

Allport, G. W. (1966). Religious context of prejudice. *Journal of the Scientific Study of Religion, 5,* 447-457.

Amato, P. R. (1990). Personality and social network involvement as predictors of helping behavior in everyday life. *Social Psycholgy Quartely, 53,* 31-43.

Bandura, A. (1977). *Social learning theory.* Englewood cliffs, NJ: Prentice-Hall.

Baron, R. A., & Byrne, D. (1991). *Social psychology: Understanding human interaction (5th ed.).* Newton, MA: Allyn & Bacon.

Bar-Tal, D. (1976). *Prosocial behavior: Theory and practice.* New York: Wiley.

Bar-Tal, D. (1982). Sequential development of helping behavior: A cognitive-learning approach. *Developmental Review, 2,* 101-124.

Bar-Tal, D., Raviv, A., & Leiser, T. C. (1980). The Development of altruistic behavior: Empirical evidence. *Developmental Psychology, 16,* 516-524.

Batson, C. D. (1990). How social an Animal? The human capacity for caring. *American Psychologist, 45,*

335-346.

Batson, C. D. (1991). *The altruism question: Toward a social-psychological answer.* Hillsdale, NJ: Erlbaum.

Batson, C. D. (1998). Altruism and prosocial behavior. *Handbook of Social Psycholoy, 1,* 282-316.

Batson, C. D., & Gray, R. A. (1981). Religious orientation and helping behavior: Responding to one's own or to the victim's needs? *Journal of Personality and Social Psychology, 40,* 511-520.

Berkowitz, L. (1972). Social norms, feelings, and other factors affecting helping and altruism. *Advances in Experimental Social Psychology, 6,* 73-106.

Berkowitz, L., & Daniels, L. R. (1963). Affecting the salience of the social responsibility norm. *Journal of Abnormal and Social Psychology, 66,* 429-436.

Bierhoff, H. W. (2001). Prosocial behavior. In M. Hewstone & W. Stroebe (Eds.), *Introduction to social psychology* (pp.286-314). MA: Blackwell.

Blake, J. (1978). Death by hand grenade: Altruistic suicide in combat. *Suicide and Life-threatening Behavior, 8(1),* 46-59.

Blasi, A. (1985). The moral personality: Reflections for social science and education: In M. W. Berkowitz & F. Oser (Eds.), *Moral education: Theory and application* (pp.433-443). Hillsdale, NJ: Lawrence Erlbaum.

Bloom, B. S. (1985). Generalizations about talent development. In B. S. Bloom (Ed.), *Developing talent in young people* (pp.507-549). NY: Ballantine Book.

Blum, L. A. (1980). *Friendship, altruism and morality.* London: Routledge & Kegan Paul.

Bronfenbrenner, U. (1970). *Two worlds of childhood: US. and U. S. S. R.* New York: Russell Sage Foundation.

Brown, D., & Solomon, D. (1983). A model for prosocial learning an in-progress field study In D. L. Bridgeman (Ed.), *The Nature of Prosocial Development (pp.273-308).* NY: Academic press.

Bryan, J. H., & Walbek, N. H. (1970). The impact of words and deeds concerning altruism upon children. *Child Development, 41,* 747-757.

Burnstein, E., Crandall, C., & Kitayama, S. (1994). Some neo-Darwinian decision rules for altruism: Weighin cues for inclusive fitness as a function of the biological importance of the decision. *Journal of Personality and Social Psychology, 67,* 773-789.

Burton, R. V. (1963). Generality of honesty reconsidered. *Psychological Review, 70,* 481-499.

Campbell, D. T. (1975). On the conflicts between biological and social evolution and between psychology and moral tradition. *American Psychologist, 30,* 1103-1126.

Cialdini, R. B., Schller, M., Houlohan, D., Arps, K., Fultz, J., & Eaman, A. L. (1987). Empathy-based helping: Is it selflessly or selfishly motivated? *Journal of Personality and Social Psychology, 52,* 749-758.

Chalmers, J. B., & Townsend, M. A. R. (1990). The effects of training in social persepective: Taking on socially maladjusted girls. *Child Development, 61,* 178-190.

Cohen, J. (1960). A coefficent of agreement for nominal scales. *Educational and Psychological Measurement, 20,* 37-46.

Cohen, R. (1978). Altruism: Human, cultural or what? In L. Wispe' (Ed.), *Altruism, sympathy and helping,* NY: Academic Press.

Comte, I. A. (1851). System of positive policy *(Vol. 1).* London: Longman, Green, & Co.

Darley, J. M., & Latane', B. (1968). Bystander- intervention in emergencies: Diffusion of responsibility. Journal of Personality and Social Psychology, 10, 202-214.

Eisenberg, N. (1982). The development of reasoning regarding prosocial behavior. In N. Eisenberg(Ed.), *The development of prosocial behavior.* New York: Academic Press.

Eisenberg, N. (1986). *Altruistic emotion, cognition, and behavior.* Hillsdale. NJ: Erlbaum.

Fellner, C. H., & Marshall, J. R. (1970). Kidney donors. In J. Macaulay & L. Berkowitz (Eds.), *Altruism and helping.* NY: Academic Press.

Frankl, V. (1969). *The will to meaning.* Cleveland: World Publishing.

Froming, W. J., Baugnon, M., Ouaou, R., & Schwartz, K. (1995). *Self-schemata, self-awareness, and prosocial reasoning.* Paper presented at the meeting of SRCD. Indianapolis.

Goulder, A. (1960). The norm of reciprocity: A preliminary statement. *American Sociological Review, 25,* 161-178.

Grusec, J. E., & Redler, E. (1980). Attrition, reinforcement, and altruism: A developmental analysis. *Developmental Psychology, 16,* 525-534.

Guba, E. G., & Lincoln, Y. S. (1981). What have we learned about naturalistic evaluation? *Evaluation Practice, 8(1),* 23-43.

Hedge, A., & Yousif, Y. H. (1992). Effects of urban size, urgency, and cost on helpfulness: A cross-cultural comparison between the United Kingdoman and Sudan. *Journal of Cross-Cultural Psychology, 23,* 107-115.

Hill, C. E., Thompson, B. J., & Williams, E. N. (1997). A guide to conducting consensual qualitative research. *The Counseling Psychologist, 25(4),* 517-572.

Hoffman, M. L. (1975). Altruistic behavior and the parent-child relationship. *Journal of Personality and Social Psychology, 31,* 937-943.

Hoffman, M. L. (1981). Is altruism part of human nature? *Journal of Personality and Social Psychology, 40,* 121-137.

Hoffman, M. L. (1994). Discipline and internalization. *Developmental Psychology, 30,* 26-28.

Hogan, R. (1973). Moral conduct and moral character: A psychological perspective. *Psychological Bulletin, 79,* 217-232.

Holsti, O. R. (1968). *Content analysis.* In G. Lindzey & M. E. Aronson (Eds.), Handbook of Social Psychology. MA: Addison-Wesley.

Janssens, J. M. A. M., & Dekovic, M. (1997). Child rearing, prosocial moral reasoning, and prosocial behavior. *International Journal of Behavioral Development, 20,* 509-527.

Jennings, L., & Skovholt, T. M. (1999). The cognitive, emotional, and relational characteristics of master therapists. *Journal of Counseling Psychology, 46,* 3-11.

Kernberg, O. F. (1979). *Object relations theory and clinical psychoanalysis.* NY: Jason Aronson.

Klein, M. (1970). On observing the behavior of young infants: On the theory of anxiety and guilt. In J. Riviere (Ed.), *Developments in psyhoanalysis.* London: Hogarth Press.

Klein, M., & Riviere, J. (1967). *Love, hate and reparation.* London: Hogarth Press.

Kohlberg, L. (1964). Development of moral character and ideology. In M. L. Hoffman & L. W. Hoffman (Eds.), *Review of child development research (Vol. 1).* NY: Russell Sage Foundation.

Kosek, R. B. (1995). Measuring prosocial behavior of college student. *Psychological Reports, 77,* 739-742.

Krebs, D. L. (1970). Altruism: An examination of the concept and a review of the literature. *Psychological Bulletin, 73,* 258-302.

Krebs, D. L. (1975). Empathy and altruism. *Journal of Personality and Social Psychology, 32,* 1134-1146.

Krebs, D. L., & Hesteren, F. V. (1992). The development of altruistic personality. In P. M. Oliner, S. P. Oliner, L. Baron, L. Blum, D. L. Krebs & M. Z. Smolenska (Eds.), *Embracing the other.* New York and London: New York University Press.

Krebs, D. L., & Miller, D. T. (1985). Altruism and aggression. In G. Lindzey & E. Aronson (Eds.), *Handbook of Social Psychology, 3rd ed.* New York: Random House.

Krippendorff, K. (1980). *Content analysis: An introduction to its methodology.* Beverly Hills: Sage.

Kvale, S. (1996) *InterViews: An introduction to qualitative research interviewing.* Thousand Oaks, CA: Sage publications.

Larson, R. W. (2000). Toward a psychology of positive youth development. *American Psychologist, 55,*

170-183.

Lee, D. Y., Lee, J. Y., Park, S. H., & Uhlemann, M. R. (in press). Development and validation of an altruism scale for adult. *Psychological Reports.*

London, P. (1970). The Rescuers: Motivational hypotheses about christians who saved jews from the nazis. In J. Macaulay & L. Berkowitz (Eds.), *Altruism and helping.* NY: Academic Press.

Ma, H. K., & Leung, M. C. (1995). The relation of altruistic orientation to family social environment in Chinese children. *Psychologia, 65,* 339-349.

Maslow, A. H. (1962). Lessons from the peak-experience. *Journal of Humanistic Psychology, 2,* 9-18.

Maruyama, G., Fraser, S. C., & Miller, N. (1982). Personal responsibility and altruism in children. *Journal of Personality and Social Psychology, 42,* 658-664.

McWilliams, N. (1984). The psychology of the altruist. *Psychoanalytic psychology, 1,* 193-213.

McDougall, W. (1908). *Introduction to social psychology.* London: Methuen.

Mead, M. (1950). *Sex and temperament in three primitive societies.* NY: Morrow.

Meredith, D. G., Walter, R. B., & Joyce, P. G. (1996). *Educational Research: An Introduction (6th ed.).* New York: Longman.

Merriam, S. B. (1988). *Case study research in education: A qualitative approach.* San Francisco: Jossey-Bass.

Moorman, R. H., & Blakely, G. L. (1995). Individualism-collectivism as an individual difference predictor of organizational citizenship behaviors. *Journal of Organizational Behavior. 16,* 127-142.

Murphy, G., Murphy, L. B., & Newcomb, T. M. (1937). *Experimental social psychology.* New York: Harper & Row.

Mussen, P. (1982). Personality development and liberal sociopolitical attitudes. In N. Eisenberg (Ed.), *The development of prosocial behavior.* NY: Academy Press.

Mussen, P, & Eisenberg-Berg, N. (1977). *Roots of caring, sharing, and helping.* San Francisco: W. H. Freeman.

Mussen, P., Sullivan, L. B., & Eisenberg-Berg, N. (1977). Changes in political-economic attitudes during adolescence. *Journal of Genetic Psychology, 130,* 69-76.

Myers, D. G. (2000). The funds, friends, and faith of happy people. *American Psychologist, 55,* 56-67.

Oliner, S. P., & Oliner, P. M. (1988). *The altruistic personality: Rescuers of Jews in Nazi Europe.* New York: Free Press.

Piaget, J. (1932). *The moral judgement of the child.* London: Routledge & Kegan Paul.

Piliavin, J. A., Callero, P. L., & Evans, D. E. (1982). Addiction to altruism? Opponent-process theory and habitual blood donation. *Journal of Personality and Social Psychology, 43,* 1200-1213.

Rand, A. (1964). *The virtue of selfishness.* New York: NAL.

Rogers, C. R. (1957). A note on "The nature of man." *Journal of Counseling Psychology, 4,* 199-203.

Rogers, C. R. (1975). Empathic: An unappreciated way of being. *The Counseling Psychologist, 5,* 2-10.

Rosenhan, D. (1970). The nature of socialization of altruistic autonomy. In J. Macaulay & L. Berkowitz (Eds.), *Altruism and helping behavior.* NY: Academic Press.

Rubin, K. H., & Schneider, F. W. (1973). The relationship between moral judgement, ecocentrism, and altruistic behavior. *Child Development, 31,* 459-466.

Rushton, J. P. (1980). *Altruism, socialization, and society.* Englewood Cliffs, NJ: Prentice Hall.

Rushton, J. P., & Sorrentino, R. M. (1981). *Altruism and helping behavior: social, personality, and developmental perspectives.* NJ: Hillsdale.

Rutherford, E., & Mussen, P. (1968). Generosity in nursery school boys. *Child Development, 39,* 765-775.

Schwartz, S. H. (1973). Normative explanations of helping behavior: A critique, prosocial, and empirical test. *Journal of Experimental Social Psychology, 9,* 349-364.

Seligman, M. E. P. (1999). Teaching positive psychology [On-line]. *APA monitor, 30, http://www.apa.org*

/monitor/oct01/seligman.html

Seligman, M. E. P., & Csikszentmihalyi, M. (2000). Positive Psychology. *American Psychologist, 55*, 5-14.

Sharabany, R. (1984). The development of capacity for altruism as a function of object relationships development and vicissitudes. In M. J. Lerner (Ed.), *Development and maintenance of prosocial behavior*. NY: Plenum Press.

Shotland, E. (1969). Exploratory investigations of empathy. In M. W. Berkowitz (Ed.), *Advances in experimental social psychology. (Vol. 7)*. NY: Academic Press.

Siegel, S. (1956). *Nonparametric Statistics for the behavioral sciences*. New York: McGraw-Hill.

Spiro, M. (1963). Education in a communal village in Israel, In G. Spindler (Ed.), *Education and Culture*.

Staub, E. (1978). *Positive social behavior and morality. Vol. 1. Personal and social influences*. NY: Academic Press.

Trivers, R. L. (1971). The evolution of reciprocal altruism. *Quaterly Review of Biology, 46*, 35-57.

Turner, W. D. (1948). Altruism and its measurement in children. *Journal of Abnormal and Social Psychology, 43*, 502-516.

Walster, E., Walster, G., & Berschid, E. (1978). *Equity: Theory and research*. Boston: Allyn & Bacon.

Watson, J. B. (1924). *Behaviorism*. Chicago: The people's

institute.

Whiting, B. B., & Whiting, J. W. M. (1975). *Children of six cultures: A psychocultural analysis.* Cambridge, MA: Harvard University Press.

Winnicott, D. W. (1974). The development of the capacity for concern. In D. W. Winnicott (Ed.), *The maturational processes and the facilitating environment: Studies in the Theory of Emotional Develoment.* NY: International Universities Press.

Wright, B. A. (1942). Altruism in children and the perceived conduct of others. *Journal of Abnormal and Social Psycholgy, 37,* 218-233.

Yarrow, M. R., Scott, P. M., & Waxler, C. Z. (1973). Learning concern for others. *Developmental Psychology, 8,* 240-260.

Yin, R. K. (1984). *Case study research: Design and methods.* Newbury Park, CA: Sage.

Yinon, Y. (1979). Perceived deprivation of material and non-material rewards as related to altruistic behavior among young adolescents. *International Journal of Behavior Development, 2,* 287-295.

부록 A. 녹음현장 기록지

인터뷰날짜:
인터뷰장소:
참여자번호:
성 명: 생년월일:
직업:
주요성장지:
주요활동내용:
주요활동기간: ~   (년   개월)
시작시간: 종료시간:
주위환경에 관한 서술

비언어적 행동(목소리크기, 자세, 얼굴표정, 눈 움직임, 말의 힘, 몸의 움직임과 손의 제스처)

면접내용 (주단어 사용, 주제, 초점, 탁월한 문장, 구)

면접자의 인상 (어떤 주제에 대한 참여자의 불편감, 대체적인 분위기 등)

기술적 문제 (녹음 시 5분 상실 등)

부록 B. 사전 동의

안녕하십니까?

저는 이화여자대학교 심리학과 박사과정에 재학중인 이지연입니다.

저는 '칭찬합시다'에 방영된 선생님들 가운데 다시 프로듀서와 전문가들에 의해 선정된 남을 도우는 데 모범이 된 사람들, 다시 말하면 '대표적인' 이타주의자들의 특성을 연구하고 있습니다.

본연구는 사회의 모범이 되는 이타주의자들의 특성을 이해하고 이타주의에 대한 관심을 증진시키며 이타적 사회분위기를 조성하는 데 도움이 될 거라고 생각합니다. 그런 점에서 선생님의 면접 자료가 소중히 쓰이리라 믿습니다.

인적사항이나 기타 개인적인 사항은 일체 비밀이 보장됩니다. 그리고 이런 자료의 수집은 오로지 연구의 목적으로만 쓰일 것입니다. 선생님께서 귀한 시간을 내어 연구에 협조해 주신다면 큰 영광이겠습니다.

부록 C. 심층면접지침

1. 피면접자가 편안하게 자신의 이야기를 할 수 있는 조용한 장소를 선정한다. 이 조용한 장소는 심리적인 안정감을 주는 데 도움을 줄 뿐 아니라 녹음을 하기에 적합해야 하기 때문이다.

2. 피면접자와 인사를 나누고 연구에 응해주신 점에 대해 감사하는 마음을 표현한다. 약간 상체를 앞으로 기울인 상태로 시선은 부드럽게 하고 상대에 대해 경청하는 자세를 취한다. 이는 면접 내에 지속되어야 할 태도이다.

3. 실제 면접으로 들어가기 전에 긴장을 푸는 의미에서 날씨나 방문지의 첫인상에 대해서 이야기 할 수 있다. 가벼운 이야기로 면접자가 편안하고 개방적인 마음으로 면접에 응할 수 있도록 도와야 한다.

4. 준비가 되었으면 녹음기와 녹음테이프, 필기구, 기록노트 등을 가지고 면접을 시작 하도록 한다. 이때 미리 녹음기의 건전지나 녹음테이프의 상태를 확인해 둔다. 녹음테이프의 앞뒷면에 면접 일시, 장소, 면접자를 꼭 기록해둔다. 이때 중요한 것은 미리 면접자가 자신의 육성을 시험 삼아 녹음해보고 녹음기의 상태를 반드시 확인해 두는 점이다.

5. 준비한 질문지의 내용을 또박 또박 분명하게 질문하도록 한다. 모든 문장은 '～입니까?'로 분명하게 끊어서 이야기하고 너무 빠르거나 군더더기를 붙이지 않는다. 이를 위해서

면접자는 질문의 내용을 수차례 읽고 직접 소리 내어 질문하는 것을 충분히 연습해야한다.

6. 첫 질문이 끝나면 두 번째 질문으로 넘어간다. 이때 말을 끊거나 중간에 방해하는 일이 없도록 한다. 충분히 이야기가 되었다고 판단되면 다음 질문으로 넘어간다.

7. 피면접자의 진술이 관련화제와 직접적으로 관련이 없다고 하더라도 면접자가 피면접자의 진술을 중간에 가로막지 않도록 주의한다.

8. 피면접자의 진술이 면접자의 의도한 연구질문에 대한 해답이 충분하지 않은 경우에는 피면접자의 진술이 마친 후에 추가질문을 한다. 예를 들면 '~에 대해 좀 더 이야기해 주십시오.'라고 재 진술을 요구할 수 있다.

9. 전체 질문을 순서에 따라 모두 진행한 후 다시 '여기까지 이야기하신 거 중에 추가로 이야기하고 싶은 것이 있으면 말씀해주십시오'하고 보충할 기회를 피면접자에게 주도록 한다.

10. 중간에 녹음테이프를 바꿀 시간이 되면 앞면의 내용을 확인한 후 뒷면으로 이어질 수 있도록 해서 중간에 내용이 삭제되는 일이 없도록 주의한다.

11. 순조롭게 모든 질문에 대한 답이 주어졌다고 판단되면 면접을 종결하도록 한다. 이때 '장시간의 면접에 응해주셔서 고맙습니다.'로 감사의 뜻을 표현하도록 한다.

부록 D. 코딩지침부록

다음은 각 범주별 내용에 대한 설명입니다. 이 내용에 익숙해진 다음에 실제 자료를 가지고 코딩을 할 것입니다. 이를 위해 각 코딩범주설명을 2-3회 소리 내어 읽도록 합니다.

1. 성격요인 범주

가. 지속성과 끈기: 일관되고 독립적이며 지속성이 있고 유혹에 대한 저항을 나타내는 심리적 특성 (예, 어떤 비난에도 불구하고 일을 해낸다)

나. 자기효능감: 이타적 행동을 하는 데 있어서 자신감을 가지고 자기가 효과적으로 남을 잘 도울 수 있을 것이라는 믿음이나 확신을 가짐. 이런 믿음을 바탕으로 하나의 일에서 다른 일들로 확대해나감 (예, 이일을 잘 해낼 수 있을 것이다, 한 가지 일만 하는 것이 아니라 또 다른 일을 벌려서 돕는다)

2. 심리적(인지, 정서적) 요인범주

가. 공감: 다른 사람의 정서적 아픔에 대한 감정이입, 동일한 정서를 같이 느낌, 도움 받는 사람의 기쁨 행복 등 긍정적 정서를 함께 느낌 (예, 그가 얼마나 불편할까 힘들까, 측은하다, 안타깝다)

나. 조망수용: 다른 사람의 감정이나 사고를 그 사람의 입장에서 생각하고 이해할 수 있는 능력(예, 그 사람입장에서는 - 것이다. 상대방의 입장에서 생각해보면 - 것이다.)

다. 자기도식: 자신이 이타적이라고 생각, 스스로를 그런 사람으로 규정함 (예, 이것이 나다, 이렇게 하는 것이 나의

모습이다. 본래 내가 그랬다)

라. 정치적 입장: 타인이나 타인의 이익에 대한 관심, 그들의 복지 증진을 위해 사회적 정치적 구조변화에 지지를 보내는 것 (예, 우리 사회가 그 사람들이 더 편안히 살수 있도록 관심을 가지고 사회개혁에 지지한다)

마. 유사성: 자신의 처지나 상황 혹은 어려운 경험과 유사한 경험을 함 (예, 내가 그 물난리를 겪어보고 힘들었던 것을 안다)

바. 규범(사회적 책임감): 어려움에 처해 있거나 도움을 필요로 하는 사람을 도와야한다고 생각하는 규범 (예, 당장 어려움을 겪고 있는 사람은 마땅히 도와야한다)

사. 도덕적 추론: 대인관계에서의 승인이나 자기중심적 욕구만족보다 자기반성적이고 내면화된 가치, 책임감, 사회적 계약의무, 권리평등에 대한 신념에 토대를 둔 추론 (예, 그를 도와주면 그저 내가 기쁘니까 돕는다. 어떤 생각이 있기보다 내면화된 이식된 상태다.)

3. 유지요인범주

가. 내적 강화: 만족감, 행복감, 자존감 유지 등의 긍정적 자기감정을 경험함 (예, 돕고 나면 행복하다)

나. 종교: 종교적 가르침, 신념을 따르거나 표현 (예, 신앙의 힘으로 이 길을 간다)

4. 관계특성범주

가. 중요한 대상과의 모델링/동일시: 부모나 삶에 있어서의 의미 있는 타자로부터 다른 사람에 대한 배려, 관심의 특성을 모방하거나 동일시함 (예, 우리 엄마(아버지)가 없는

사람들을 인간적으로 대우해줬다)

　나. 부모와의 친밀한 유대감: 자신의 부모와 정서적 유대를 가지며 끈끈한 인간관계를 보여줌 (예, 부모님이 그야말로 각별하셨다)

　다. 경제적 박탈경험과 양육자의 긍정적 관심: 물질적으로 궁핍한가운데 부모가 긍정적 관심, 존중을 보여줌(예, 배가 고프고 고생했지만 우리한테 늘 관심을 주셨다)

· 저자 ·

이 지 연　이화여대 심리학과에서 박사를 마치고 서강대학에서
상담교수로 있으면서 여러 내담자들을 만났다. 지금
이화여대 심리학과에 재직 중이며 여전히 상담과 수
퍼비젼, 강의를 하고 있다. 상담을 천직으로 알고 있
으며, 만나는 내담자들이 삶의 스승임을 뼈져리게 느
끼고 상담자로서 되어가는 존재임을 실감한다. 역서
로『좋은 상담자 되기』,『집단상담의 실제: 진행과 도
전』이 있고 기타 다수의 논문이 있다.

이타주의자들의 심리적 특성

· 초판 인쇄	2005년 12월 26일
· 초판 발행	2005년 12월 26일
· 지 은 이	이지연
· 펴 낸 이	채종준
· 펴 낸 곳	한국학술정보㈜
	경기도 파주시 교하읍 문발리 526-2
	파주출판문화정보산업단지
	전화　031) 908-3181(대표) · 팩스　031) 908-3189
	홈페이지　http://www.kstudy.com
	e-mail(e-Book사업부)　ebook@kstudy.com
· 등　　록	제일산-115호(2000. 6. 19)
· 가　　격	10,000원

ISBN　89-534-4070-X 93180 (Paper Book)
　　　　89-534-4071-8 98180 (e-Book)